RICARDO BENTANCUR

Ocho principios
para ser feliz

Dale vida a tus SUEÑOS

Pacific Press®
Publishing Association

Nampa, Idaho | Oshawa, Ontario, Canada
www.pacificpress.com

Edición: Alfredo Campechano
Diseño de la portada: Gerald Lee Monks
Arte de la portada: iStockphoto

El autor se responsabiliza de la exactitud de
los datos y textos citados en esta obra.

Derechos reservados © 2016 por
Pacific Press® Publishing Association.
P.O. Box 5353, Nampa, Idaho 83653
EE. UU. de N. A.

Primera edición: 2016

ISBN 13: 978-0-8163-9203-2
ISBN 10: 0-8163-9203-X

Printed in the United States of America

February 2016

Contenido

Dedicatoria

Este libro está dedicado a cuatro personas con las que me crucé en la vida sin esperarlo, y que incidieron positivamente en mi destino: Los pastores Luis Pérez y José Tabuenca, y los doctores Miguel Valdivia y Bob Kyte.

Que seas feliz, se lo debes a Dios; que continúes siéndolo, te lo debes a ti mismo — J. Melton.

Introducción

¿Tiene algún sentido perseguir la felicidad en esta vida?

Siempre recuerdo la respuesta del famoso actor mexicoamericano Anthony Quinn a la pregunta que le formuló una periodista argentina apenas bajó del avión en la ciudad de Buenos Aires: "¿Es usted feliz?" Entonces, en mi temprana juventud (corría el año 1981), la pregunta me pareció banal, y la respuesta muy sabia: "Felices son los tontos".

Pero hoy, con el paso de los años, y a contramarcha de mi sangre hispana que sospecha siempre de la felicidad, me parece que la pregunta no fue tan tonta. Ni creo que felices sean solo los tontos. Aunque lo hubiera dicho el sabio Anthony Quinn, cuya hispanidad corría apasionada por sus venas como lava de volcán, contraviniendo el pensamiento del país que lo recibió en su muerte, el único en el mundo que garantiza en la Constitución el derecho a la felicidad (*Pursuit of Happiness*).

No hace mucho me encontré con una serie de estudios científicos que han demostrado que apenas un diez por ciento del contentamiento depende de las circunstancias placenteras y las situaciones agradables que nos rodean. Tú sabes que cuando un científico quiere establecer el porcentaje de los factores genéticos y ambientales que actúan en un determinado fenómeno humano, acuden a los mellizos gemelos. Pues bien, estudios realizados recientemente con gemelos han descubierto que el cincuenta por ciento de la felicidad viene "envasado" en los genes, y no depende de los placeres ni de los viajes ni de sacar la lotería ni del triunfo del equipo de fútbol de tus amores. Ese "valor de referencia" inicial (*set point*, en inglés) no se puede modificar. Lo que realmente se puede modificar es el cuarenta por ciento restante, un margen de felicidad importante que depende de lo que cada uno haga, de su esfuerzo para incrementar el júbilo en forma duradera.

¿Qué hacer con este cuarenta por ciento que tenemos en nuestro poder para mejorar nuestra vida?

De esto se trata precisamente este libro. Basados en los últimos estudios empíricos de la Medicina y la Psicología positiva, iremos desandando el camino que nos lleva al bienestar integral que podríamos llamar felicidad. Probablemente esos hallazgos científicos sean los logros más significativos de la Psicología en los últimos tiempos. Las investigaciones condujeron a la doctora Sonja Lyubomirsky a elaborar "estrategias" para que cada ser humano pueda ser feliz. Lo sorprendente es que estas "estrategias" ya estaban presentes en la vida de Jesús, incorporadas en principios de vida.

Cada capítulo presenta un principio de vida, y está dividido en seis secciones: Una historia real, lo que dice la ciencia [gracias, doctor Mario Pereyra por su ayuda en esta área], lo que dice la Biblia, cómo integrar el principio en cuestión en nuestra vida, las enseñanzas que nos deja la Biblia [gracias, pastor Julio Chazarreta por la elaboración de los estudios bíblicos], y una evaluación para saber cómo estamos en relación con el principio de vida estudiado en el capítulo.

Te invito a que transitemos juntos el camino a la felicidad a través de las páginas de este pequeño libro.

CAPÍTULO I

La gratitud

"La gratitud no es solo la más grande de las virtudes sino la madre de todas las demás" —Marco Tulio Cicerón.

Era una noche oscura y fría de enero de 2004. Yo había cruzado la frontera para visitar a una mujer enferma, la madre de uno de los trabajadores que cosechan verduras en Yuma, Arizona. Después de la visita, me encaminé hacia la parada del autobús que me llevaría a la "línea", a fin de cruzar nuevamente a los Estados Unidos. Hacía unos minutos que había llegado ahí cuando pasó frente a mí una camioneta Volkswagen, que se detuvo unos segundos a pocos metros de donde yo estaba, para retomar luego su marcha. No pasó un minuto cuando nuevamente se acercó a la parada, se detuvo, y dos muchachos encapuchados saltaron sobre mí, me encañonaron, y sin mediar palabra me empujaron dentro del vehículo. En segundos mi vida cambió: entonces me encontré con los ojos tapados, tirado en medio del piso frío de la camioneta, tragando polvo entre olores nauseabundos .

Me dejé llevar. No sé si alguna vez tuviste un arma apuntando a tu sien. Es un instante que se escapa del tiempo. Todo se convoca en ese presente. Te sientes como el ahogado que antes de dar su último manotazo ve toda su vida como en una película de largometraje, en solo unos pocos segundos. Pues bien, en aquel momento yo experimenté una absoluta impotencia. Alguien se hacía cargo de mi cuerpo, y pretendía hacerse cargo también de mi mente, intimidándome, convocando el miedo, acaso la más destructiva de las emociones. Yo me quedé con mis pensamientos y me dejé llevar; no opuse resistencia. Simplemente no podía controlar los hechos de los que no era responsable.

La camioneta pronto dejó el asfalto y se metió por una calle de tierra con muchos pozos. Mi cuerpo era como una bolsa de papas, y yo apenas podía respirar: el aire se había espesado por el polvo que entraba a través de las rendijas de la desvencijada Volkswagen. Luego de recorrer una distancia que jamás podré precisar, la camioneta se detuvo. Escuché que entre ellos hablaban muy bajito, como para que yo no escuchara. Inmediatamente la camioneta se puso en movimiento, y luego de recorrer una distancia relativamente corta, el que me custodiaba me dijo que me bajara, que cerrara los ojos, que me pusiera contra una pared y que no se me ocurriera mirar ni a los costados si no quería ser hombre muerto. Luego escuché el rechinar de las ruedas. Se fueron.

Quedé solo, mirando la pared durante unos segundos de mucha tensión. Miré a los costados y no vi más que un perro que cruzaba la calle de tierra. A unos cien metros había un farol; caminé hacia la luz. El cuerpo me temblaba, no sé si del frío o por la emoción de "tenerlo nuevamente conmigo". Me acerqué a una casa, golpeé la puerta, y un hombre abrió. Le conté lo que me había pasado. Me pidió perdón, como si él hubiera sido cómplice de aquel hecho. Pero no era un cómplice, simplemente le daba vergüenza que le ocurriera eso a un extranjero en su pueblo. Era un hombre noble, como lo es la mayoría de los que viven en la frontera: gente honrada, de trabajo, que busca un mañana mejor, que quiere darle vida a sus sueños. Se ofreció llevarme en su vehículo a la "línea". Y luego de una hora la volví a cruzar para este lado.

No entendí en ese momento lo que había ocurrido ni por qué me había pasado a mí. Esta es la primera pregunta que pasa por nuestra mente cuando nos ocurre algo trágico: *¿Por qué a mí?* Hay que dejar que el tiempo responda. Y hay veces que ni el tiempo responde. De todos modos seguí yendo a Yuma a predicar la Palabra de Dios en el campo y dejar a los trabajadores el gran libro de la esperanza: la Biblia. Y seguí cruzando la frontera. Hace más de un cuarto de siglo que la cruzo.

Una tardecita de un día de enero de 2009, cuando terminaba

mi jornada de labor en el campo, se me acercó un muchacho alto y fornido, y me dijo:

—Padre, yo tengo una deuda de gratitud con usted.

Mucha gente me llama "padre", como si yo fuera un cura, aunque he aclarado mil veces que soy padre, pero de dos hijas. Pensé que era uno de los tantos arrepentidos que no me había pagado la Biblia. Pero presentí que era algo más grave, porque le temblaba el labio inferior; apenas podía hablar entre tantos nervios.

—Hace mucho tiempo, usted asistió al funeral de mi abuelita, y yo lo conocí allí. Además trabajé para Oseguera y lo vi en las cuadrillas.

Yo no recordaba exactamente quién podía ser; pero continuó:

—Entonces yo andaba en drogas. Una vez salimos por dinero, y lo vimos a usted. En el momento que lo subimos no lo reconocí. Pero en el trayecto se me hacía que yo lo había visto antes, hasta que recordé que usted era el padre que había oficiado en el funeral de mi abuela.

Mi mente daba vueltas como en la camioneta. Y continuó:

—Hace dos años yo le compré una Biblia; entonces yo trabajaba para los García; fue cuando comencé a asistir a una iglesia cristiana. Ellos me ayudaron a salir de la droga. Asisto a esa iglesia cada semana. En todo este tiempo he pensado en usted. El año pasado lo vi, pero no me animé a decirle nada. Hoy me dije: *No voy a esperar más*. Vengo a pedirle perdón y a agradecerle por haber oficiado en el funeral de mi abuela, y por la Biblia que me vendió.

Yo quedé aturdido, y solo atiné a decirle:

—Tomo tu agradecimiento como un regalo. Tu gratitud vale mucho más que todos tus errores.

La vida siempre te da la oportunidad de dar y recibir. Ese fue el momento de recibir.

Qué dice la ciencia acerca de la gratitud

La ciencia considera que la gratitud es vital para rehacer la vida y ser feliz.

La gratitud recibió poca atención por parte de la Psicología, hasta que las investigaciones de la última década la instalaron en el podio de las más importantes "fortalezas del carácter".[1] Las investigaciones psicológicas encontraron múltiples evidencias de los beneficios de la gratitud para la salud física y mental.[2] Una investigación descubrió que las personas más agradecidas evidencian mayores grados de satisfacción con la vida; son más vitales y optimistas, cultivan emociones positivas, y reportan menos grado de depresión y estrés respecto de los otros.[3] Además, se comprobó que la gratitud eleva los niveles de autoestima, no solo a corto sino también a largo plazo.[4] Y que las personas agradecidas tienen menores niveles de neurosis o desequilibrios emocionales, porque no mastican frustración.[5] Otros estudios descubrieron que la gratitud mejora las relaciones humanas, y genera una mejor integración social y de satisfacción con la vida.[6]

Quizá la investigación más impactante sobre la gratitud haya sido realizada por Danner y colaboradores,[7] quienes estudiaron a un grupo de 678 monjas durante más de 60 años, haciendo un seguimiento retrospectivo y evaluaciones periódicas. Encontraron que las religiosas que a la edad de veinte años revelaban gratitud y otras emociones positivas, vivieron diez años más y prácticamente no sufrieron Alzheimer en comparación con las infelices y desagradecidas. Ese estudio prosiguió aun después de que las monjas fallecieran: investigaron sus cerebros y descubrieron que no tenían las características de quienes sufren Alzheimer; y las que sí tenían la predisposición a la enfermedad nunca llegaron a padecer sus síntomas.[8]

La gratitud es el primer secreto para ser feliz.

Jesús y la gratitud

Él era un extranjero. Su mirada, como la de todo hombre en tierra extraña, siempre pedía permiso o quizá disculpas. Sus ojos expresaban esa deuda que uno tiene con su propia alma cuando se está en tierra desconocida.

Pero aquel hombre, además de ser extranjero, llevaba en su piel las marcas de la muerte, que atraían las miradas de quienes lo veían no solo como un inmigrante sino también como un riesgo para sus vidas.

Había llegado a Jerusalén desde Samaria con mercaderías para vender. Aquella noche no sabía adónde ir, y como los que no saben adónde van difícilmente los vientos soplen en su favor, con tal de divertirse rebajó sus valores morales.*

A los pocos días de aquel viaje a la nada, se despertó cubierto de ciertas granulaciones en el rostro y en el torso, que pronto se extendieron por todo su cuerpo y se convirtieron en úlceras sangrantes. En esas condiciones, ya no podía volver a Samaria.

Entonces pidió ayuda, pero nadie pudo ayudarlo. Finalmente fue al sacerdote, como indicaba el capítulo 13 de Levítico. El sacerdote dictaminó que el samaritano tenía lepra. Le impuso una túnica distintiva, le dio una campanita, y lo envió a unas grutas donde habitaban los leprosos lejos de las poblaciones. A partir de ese momento, la vida del samaritano cambió rotundamente: el trajinar, el bullicio del comercio, las noches de juerga, todo se detuvo en los arrabales de la soledad, en la quietud del aislamiento.

El peso de los meses avivó los recuerdos y los remordimientos: *¿Qué será de mi familia?* La nostalgia y el llanto enlutaron su alma. Había escuchado de sus compañeros de infortunio que un Maestro de Nazaret curaba todo. Él no sabía si quería recibir tanto la curación de su enfermedad como la sanidad de su alma. Cuando le hablaron del Gran Médico, se estremeció con un sagrado temblor.

Un día los diez leprosos vieron a la distancia a Jesús y sus discípulos. Todos gritaron al unísono, desesperados: "¡Maestro, ten misericordia de nosotros! Cuando él los vio, les dijo: Id, mostraos a los sacerdotes. Y aconteció que mientras iban, fueron limpiados" (S. Lucas 17:13, 14).

Era el milagro soñado. Un agradecimiento profundo llenó el alma del samaritano. Volvió gozoso, glorificando a Dios, gritando a todo el mundo que Jesús lo había curado. Y llegando donde estaba el Maestro, "se postró rostro en tierra a sus pies, dándole gracias" (vers. 16). "Respondiendo Jesús, dijo: ¿No son diez los que fueron limpiados? Y los nueve, ¿dónde están? ¿No hubo quien volviese y diese gloria a Dios sino este extranjero? Y le dijo: Levántate, vete; tu fe te ha salvado" (vers. 17-19).

La gratitud del leproso sanado provino no tanto porque las llagas de su piel fueron quitadas sino porque las llagas de su alma fueron sanadas. La gratitud tiene su fundamento más firme en Dios, quien no hace acepción de personas. El leproso era un extranjero, un hombre sin derechos, y por eso captó en aquel milagro, de un modo que no pudieron percibir los compatriotas de Jesús, un sentido diferente. Además de sanado, el leproso se sintió aceptado por Dios. La gratitud nace de la conciencia de esta aceptación.

Cómo y por qué practicar la gratitud

El escritor Otto F. Bollnow dice que "no hay otra propiedad del hombre que sea tan adecuada para conocer su estado de salud interior, espiritual y moral como la capacidad de sentir gratitud".[9]

Hace más de cuarenta años que estoy casado con Florencia, y siempre me ha preparado y servido la mejor comida. Sin faltar un día. Recuerdo que cuando aún éramos jóvenes y recién casados, ella apuraba su paso cada mediodía para llegar a la casa desde el trabajo y presentarme el plato más saludable y apetitoso. Luego de comer conmigo, volvía a su trabajo a completar su jornada. Hizo esto durante muchos años. Te confieso algo; me da vergüenza decírtelo: En todos estos cuarenta años asumí su gesto generoso como el cumplimiento de su deber conyugal. ¡Qué horrible! A veces le agradecí por su esfuerzo, pero nunca comprendí plenamente el sentido de la palabra "gracias" hasta que en estos días, cuando empecé con este libro, me puse a pensar en el valor de la gratitud. ¿¡Puedes creer esto!?

Ayer, precisamente, ante el plato sabroso y saludable que me presentó, le dije: "Gracias, Florencia, muchas gracias". Parece que ese "gracias" tuvo un sentido diferente para ella. Porque su respuesta fue: "Gracias a Dios y a tu trabajo que hace posible esta comida". Me estaba diciendo: "Tu amor y reconocimiento valen más que todo lo otro que puedas hacer por mí".

La gratitud es la memoria del corazón. Entonces pensé en el poder de esta virtud para equilibrar la balanza del dar y recibir. La balanza del amor. Y pensé también en el poder que tiene para establecer o reconciliar una relación afectiva. Porque la esencia de la gratitud es inaugurar una relación de amor y vida.

La gratitud es la madre de todas las virtudes, de todos los secretos de la felicidad, de todas las posibilidades de relación humana, porque cuando digo "gracias", reconozco que el otro me ha dado un regalo. ¡Reconozco a mi prójimo, que a veces por estar tan próximo no lo considero mi prójimo! Cuando le digo "gracias" a Florencia, reconozco que acepto esa comida como un regalo de su gracia. Es más que el reconocimiento al cumplimiento de su deber. Cuando le agradezco por algo, reconozco que tomo lo que me da más allá de que pueda pagarlo. Más de una vez tendría que haberle dicho a mi esposa: "Este plato no se puede pagar con Visa", recordando la publicidad de esa tarjeta de crédito que decía poder pagarlo todo excepto el valor más deslumbrante del espíritu, el amor.

Por otra parte, la persona que sabe recibir la palabra "gracias" de su prójimo ensancha su espíritu, porque se alimenta de ese reconocimiento y tiene energía para seguir dando. No se corta la relación de intercambio. Por oposición, el mezquino, el egoísta, corta el ciclo de la vida. El mezquino no comprende que "ninguno de nosotros vive para sí, y ninguno muere para sí" (Romanos 14:7). Porque la vida es una gran cadena de ayuda mutua. Ayuda el sol cuando sale, el agua cuando corre, el aire puro que respiramos. Todo ayuda a la vida. Ayuda la esposa cuando prepara el pan y el esposo cuando trabaja. O viceversa. Ayuda mi amigo, mi compañero de trabajo, mi jefe y mi subalterno. Todos ayudamos en la cadena de la vida. Y el que sabe dar, recibirá. Y el que sabe recibir, dará.

La gratitud no es un simple acto que se agota en un "gracias", sino una manera de ser, una actitud de vida. Por eso, el agradecimiento debe comenzar con Dios, el dador de la vida. Cuando nos levantamos por la mañana con salud y ponemos en el corazón y en nuestros labios una palabra de gratitud al Creador, se nos entibia el alma. El salmista nos invita: "Cantad alegres a Dios, habitantes de toda la tierra" (Salmo 100:1).

Debemos agradecer cada día a nuestros padres. Con el solo hecho de darnos la vida, nos dieron todo, pues desde la vida somos nosotros los responsables últimos de nuestro destino. Las personas que no tienen una palabra de agradecimiento a sus padres a pesar de lo que hayan sido, están atadas a su pasado. El fracaso se alimenta de la frustración; y la frustración se alimenta de no poder asumir que somos nosotros los constructores de nuestro destino. Por ser desagradecidos a nuestros padres, muchos no maduran ni encuentran sentido a su vida. Viven neuróticos.

La gratitud nos convierte en historiadores de las bondades del pasado, no de las desdichas.

Debemos expresar gratitud a nuestro cónyuge cada día, para cuidar ese delicado equilibrio entre dar y recibir. Recibimos amor para dar amor. Si no damos, no recibiremos, y se corta el intercambio. Solo si se consigue este equilibrio habrá posibilidad de profundizar aun más en el ciclo de la vida. Por eso, el consejo del sabio a los cónyuges es: "En su amor recréate siempre" (Proverbios 5:17). La gratitud recrea la relación de dar y recibir.

No hay paz en nuestra vida conyugal si la persona que recibe no da algo a cambio que sea más que "el cumplimiento del deber". El que ama da algo más de lo que manda la reciprocidad. Asimismo, cuando uno exige más de lo que el otro puede dar, el intercambio se agota.

Agradezcamos por todo. Por los días claros y oscuros. Y por las adversidades y los adversarios. Porque ellos también nos enseñan.

---

* Esta inferencia, que no está explícita en el relato bíblico, surge del hecho de que estudios científicos serios afirman que la "lepra" de los tiempos de Jesús podría haber sido una forma de sífilis. Los científicos no confirman el hecho de que la lepra conocida hoy por la ciencia médica sea la que se menciona en la Biblia.

La gratitud

Enseñanza bíblica: Jesús y la gratitud
(S. Lucas 17:11-19)

Introducción: ¿Por qué Jesús sanó a los diez leprosos si sabía que solo uno volvería para agradecerle? En la Biblia, el número diez es símbolo de totalidad. Jesús sanó a los diez como expresión de su amor por la humanidad y poder para salvar a todos los pecadores que se acerquen a él como lo hicieron aquellos leprosos (ver S. Juan 3:16). ¿Te has sentido perdido alguna vez? ¿Recuerdas cómo te sentías? ¿Cuáles fueron tus pensamientos? ¿Cómo te sentiste cuando encontraste el camino? ¿Qué relación tiene estar perdido con la lepra?

Estudiemos lo que dice la Biblia acerca del pecado y la salvación:

¿Con qué compara Dios la lepra? *(Isaías 1:4-6).*

La Biblia compara la lepra con el pecado, que nos destituye de la gloria de Dios. O sea, sin Dios estamos perdidos (ver Romanos 3:23).

¿Qué podemos hacer nosotros para resolver nuestro problema de pecado? *(Jeremías 2:22).*

No podemos hacer nada; esto significa que necesitamos un Salvador.

¿Cuál fue la misión de Jesús en esta tierra? *(S. Lucas 19:10).*

Jesús es nuestro Salvador. Él nos limpia de la lepra del pecado.

¿Qué hizo Jesús para salvarnos? *(Romanos 3:24, 25).*

La vida y muerte de Jesús garantizó nuestra salvación y limpieza. Esa bendición está disponible para todos nosotros.

¿Cómo puedo recibir esa limpieza y perdón? *(1 Juan 1:9).*

"Confesar nuestros pecados" significa entregarnos a Dios, aceptar nuestra condición y reconocer su poder para salvarnos y redimirnos.

¿Cuál es la actitud de Dios hacia nosotros? *(S. Mateo 11:28; Isaías 1:18).*

Dios nos invita a ir a él tal cual somos para limpiarnos totalmente. Debemos ir a él con nuestra carga de pecado. Porque solo en él encontramos redención.

¿Por qué Cristo relacionó la gratitud del leproso con su fe? *(Efesios 2:8).*

Cuando entendemos que Dios nos ha salvado por su gracia mediante la fe, que es un don proveniente de él, no podemos menos que agradecer con alabanza y adoración (ver Salmo 100:1).

Conclusión: Jesús sanó a los leprosos como muestra de su poder para limpiar nuestra vida de pecado. Por su sangre somos perdonados, limpiados, salvos, restaurados, y estamos en paz con Dios. Un proverbio chino dice: "Cuando bebas agua, recuerda la fuente".

Llamamiento: ¿Aceptarás su invitación de ir a Jesús para recibir el perdón y la limpieza que te ofrece?

Resolución: Acepto a Jesús y su gracia en mi corazón para ser salvo por él.

Firma de resolución: _____

EVALUACIÓN DE LA GRATITUD

Coloca una cruz en la columna que exprese mejor tu apreciación personal en cada una de las preguntas, precisando el grado de acuerdo o aplicación a tu caso con el número correspondiente, según se explica a continuación.

1. Absolutamente de acuerdo. Se aplica totalmente a mi manera de ser.
2. De acuerdo. En general se aplica a mi manera de ser.
3. Ligeramente de acuerdo. Solo se aplica parcialmente a mi manera de ser.
4. Neutro. Ni soy así, ni dejo de ser a así.
5. Ligeramente en desacuerdo. No se aplica más que parcialmente a mi manera de ser.
6. En desacuerdo. En general no se aplica a mi manera de ser.
7. Absolutamente en desacuerdo. No se aplica en nada a mi manera de ser.

PREGUNTAS	1	2	3	4	5	6	7
1. Tengo mucho por qué estar agradecido a la vida.							
2. Si tuviera que hacer una lista de todas las cosas y personas a las que tengo que agradecer, la lista sería muy grande.							
3. Cuando veo el mundo en que vivo, no veo mucho de qué estar agradecido/a.							
4. Estoy agradecido/a a muchas personas.							
5. A medida que maduro, valoro más a las personas, los hechos y situaciones que han formado parte de la historia de mi vida.							
6. Puede pasar mucho tiempo sin que sienta que debo agradecerle algo a alguien.							

Resultados del TEST DE LA GRATITUD

1. A las preguntas 1, 2, 4, y 5, asígnale el siguiente puntaje. Si tu respuesta fue 1, son 7 puntos; respuesta 2=6; 3=5; 4=4, 5=3, 6=2; 7=1.
2. Para las preguntas 3 y 6, los puntajes corresponden a los números que encabezan las columnas.
3. Suma el resultado de las 6 respuestas. La interpretación está en la tabla siguiente.

Tabla de interpretación

7 a 24 puntos: muy desagradecido   40 y 41 puntos: muy agradecido
25 a 33 puntos: desagradecido   42 puntos: totalmente agradecido
34 a 39 puntos: término medio

CAPÍTULO 2

El perdón

"A perdonar solo se aprende en la vida cuando a la vez hemos necesitado que nos perdonen mucho" —Jacinto Benavente.

En la calle Pedro Campbell, más precisamente en la intersección con la calle Palmar, a metros de mi casa, vivía el farmacéutico del barrio. Hombre de mediana edad, alto, espigado y con rostro adusto, cada domingo se lo veía salir temprano de su casa con la Biblia bajo el brazo, rumbo a la iglesia, acompañado de su esposa Francisca. Pasaban delante de mi casa para tomar en la Avenida Rivera el ómnibus que los llevaba a la Iglesia Católica María Auxiliadora. En mis años de infancia había pocas iglesias en mi ciudad. De hecho, Montevideo es la única capital de América Latina cuya plaza principal no tiene una catedral. No son muy católicos mis conciudadanos.

Pero de esto no se trata el relato. Más bien se trata de que en aquellas caminatas hasta la parada del ómnibus, Francisca seguía a su marido a una distancia corta, pero suficientemente larga como para dar la impresión de que ella solo cumplía el papel de acompañante. El paso firme y recto del hombre no dejaba dudas de quién llevaba los pantalones en ese matrimonio. Era lo que le habían enseñado en su iglesia: "La mujer es la ayuda idónea del hombre". Idónea sí, pero ayuda al fin. Una rueda de auxilio. Desde niño percibí cuán malinterpretada puede ser una mujer, y cuánto desprecio ha padecido en la historia de la civilización. Aun en los Estados Unidos de América, los homosexuales van delante de las mujeres en la lucha por sus derechos.

Francisca era extremadamente hermosa, si es que podemos decir que la belleza tiene un extremo. Pero lo que más me llamaba la atención de ella era su sonrisa cálida y su mirada tierna, a veces triste, que contrastaba con la de su marido. Frío. Ambos atendían la farmacia, ubicada precisamente en la intersección de Rivera y Campbell, pero era ella quien le ponía ese aroma dulce que yo podía percibir entre los olores de los medicamentos. Me gustaba ir a la botica cuando estaba Francisca.

Ella amaba a su esposo, hasta donde él se lo permitía, y lo respetaba. Pero —una reflexión que hice muchos años después, cuando yo ya era un adulto— su corazón anhelaba algo más que la protección de su marido y aun la virtud de su rectitud, que muchas veces más bien se transformaba en vicio. Creo que en el lecho de aquella necesidad yacía la semilla amarga que germinó en los hechos que relataré a continuación.

Una mañana, el barrio se despertó alarmado porque una ambulancia se había llevado al farmacéutico al hospital. Un paro cardíaco casi segó la vida de aquel hombre. Lo que nadie sabía hasta entonces, pero se supo después, fue que Francisca un tiempo antes había engañado a su marido. Él la había sorprendido con su amante. Lo que tampoco nadie sabía, y se supo después, fue que aquel hombre, siguiendo sus convicciones religiosas, decidió quedarse con ella, y aun luchar por perdonarla. Pero fracasó en su intento. Y en su impotencia comenzó a sentir placer por aquel odio que le inspiraba su mujer. Amaba su odio. Fingía que la había perdonado para castigarla con su recta misericordia. Así que cada vez que el farmacéutico sentía su odio secreto, su corazón se iba muriendo. Al punto que casi se murió del todo.

Pero luego de un cierto tiempo ocurrió un milagro. Después de que se recuperara de aquel ataque cardíaco, vi al farmacéutico jovial, feliz y en paz. Su rostro parecía iluminar todas las cosas de aquella vieja botica. También la mirada de Francisca acompañaba aquella nueva y sorprendente alegría. Algunos vecinos decían que habían "nacido de nuevo" y que el Ángel del Señor había visitado una noche al farmacéutico. Otros vecinos se burlaban de "la visita del Ángel", y seguían haciendo bromas del dolor ajeno.

Aun siendo un niño de unos seis o siete años, yo percibía la tragedia de aquel hombre, pero no podía entender aquel cambio.

En aquellos años mi madre estaba asistiendo a una iglesia evangélica: el templo Calvario. Un miércoles de oración vimos allí al farmacéutico y a su esposa. Me llamó la atención que estuvieran allí, pero más aun despertó mi curiosidad la figura de un "Ángel" que se sentaba humilde en la última fila de los bancos, como para observar todas las cosas. Yo estaba convencido de que aquel ser de cabellos largos, rubios y de mirada dulce era verdaderamente el Ángel del Señor del que hablaban en el barrio. Un domingo, cuando terminó el culto, le dije a mi madre que yo creía que aquel ser hermoso era Jesús, y que él fue quien visitó al farmacéutico. Pero mi madre me bajó de mis elucubraciones teológicas de un solo tiro: "Esa mujer que viste es la esposa del pastor de la iglesia". Ambos eran misioneros estadounidenses.

Pasaron los años. No hace mucho supe que Francisca murió anciana, en los brazos de su amado esposo. Yo, adulto, habiendo aceptado la fe cristiana, entendí muchas cosas que mi corazón infantil no podía entender. E imagino que el diálogo del farmacéutico con el Ángel del Señor habrá sido algo así:

—Hay un solo remedio para tu corazón herido: "Por tanto, yo te aconsejo que de mí compres... vestiduras blancas para vestirte, y que no se descubra la vergüenza de tu desnudez; y unge tus ojos con colirio, para que veas" (Apocalipsis 3:18).

El farmacéutico necesitaba colirio en sus ojos para ver a Francisca no como quien lo había traicionado sino como una mujer débil que lo necesitaba. Solo una nueva manera de verla a través de sus nuevos ojos podía sanar el dolor que fluía de las heridas del pasado. Y solo esa nueva mirada podía inaugurar una nueva manera de verse a sí mismo: El Ángel le había aconsejado que comprara vestiduras para cubrir su desnudez.

Imagino que el farmacéutico le habrá respondido al Ángel:

—Nada ni nadie puede cambiar el pasado. Ni siquiera Dios puede cambiarlo.

—Sí, hombre herido, tienes razón —le habrá dicho el Ángel—. Tú no puedes cambiar el pasado, pero puedes curar el dolor que te legó. Y solo puedes sanarlo mediante el colirio divino.

—¿Y cómo puedo conseguir ese colirio?

—Solo pídelo con ansias, y te será otorgado. Y cada vez que veas a Francisca a través de tus nuevos ojos, tu corazón será más fuerte.

Así, el corazón abrumado de aquel hombre finalmente deseó el colirio divino que el Ángel le había prometido. Y pronto Francisca comenzó a cambiar maravillosa y misteriosamente ante los ojos de su marido. Y no solo ante los ojos de él, sino, primero, ante sus propios ojos. Y ambos, con el colirio divino, comenzaron una nueva vida.

El poder curativo del perdón

El perdón es el proceso de curar la herida producida por una ofensa grave. A veces ese proceso requerirá la ayuda de un profesional de la salud, porque uno no puede transitar ese camino en soledad. Sin embargo, hay poder en la fe, porque produce un "cambio de corazón" hacia el agresor. Perdonar nos ayuda a superar el rencor y la desesperación —los opuestos mortíferos del perdón y la esperanza—, y a recuperar paulatinamente el amor, y aun la confianza, hacia el otro. El perdón puede conducirnos a la reconciliación, o no, según el caso. Pero siempre implica una operación misteriosa que realiza el Espíritu Santo en la vida humana.

Los estudios correlacionales y experimentales han demostrado que quienes perdonan tienen mejor salud física y mental, y por lo tanto, son más felices. Una amplia bibliografía da cuenta de las últimas investigaciones científicas que conectan el poder del perdón con los procesos psicológicos, tanto en lo individual como en las relaciones interpersonales. Tanto en el desarrollo de la personalidad,[1] en los efectos sobre las emociones,[2] como en las relaciones sociales,[3] matrimoniales,[4] filiales,[5] de amistades y profesionales.[6]

Sin embargo, el "impacto del perdón en las enfermedades y la salud física permanece largamente inexplorado, así como el desarrollo de modelos teóricos que examinan la relación entre el perdón y la salud física", afirma Seybold,[7] Por este motivo, este científico y sus colaboradores indagaron a 68 voluntarios, aplicándoles una escala de perdón (perdón a sí mismo, perdón a otros y perdón total), y correlacionaron los resultados con diferentes variables del sistema de defensa del cuerpo (v.g. hematocrito, cortisol, lipoproteinas, colesterol, triglicéridos, glóbulos blancos, linfocitos T, células nulas, etc.), psicopatológicas (v.g. ansiedad, depresión, ira, hostilidad) y otros factores psicológicos (afrontamiento de estrés y dificultades). Los resultados encontraron que los altos niveles de perdón se relacionan con índices de buena salud en la mayor parte de los indicadores del sistema inmunitario estudiados (v.g. presión arterial, niveles de linfocitos, neutrófilos, linfocitos T, linfocitos T efectores, linfocitos B, células nulas y la actividad de las células T).

También encontraron que un índice alto de perdón se asocia con bajo tabaquismo y alcoholismo, debido a que las personas que son más perdonadoras suelen ser creyentes que también se abstienen de consumir drogas legales.

El perdón de Jesús

El capítulo 8 del Evangelio según San Juan relata que un día Jesús estaba enseñando en el patio del templo cuando le trajeron a una mujer sorprendida en el acto del adulterio, para apedrearla. Mientras escribía en el piso los pecados de los acusadores, Jesús dijo: "El que esté libre de pecado tire la primera piedra". Como estos se fueron, perseguidos por su conciencia, Jesús le dijo a aquella mujer: "Ni yo te condeno, vete y no peques más" (S. Juan 8:11).

¿Cómo fue que aquella mujer llegó al patio del templo en aquella mañana? Imaginémoslo así. Era una mujer parecida a Francisca, la esposa del boticario. Como era casada, se la acusaba de adúltera, no de prostituta. Y es muy posible que también fuera una víctima de la soledad y el desamparo de un esposo indiferente, y quizás adúltero. Era una mujer que fue inducida a pecar a través de las viejas estrategias de la seducción. La discreción del relato bíblico silencia los detalles del episodio. Seamos solidarios con ese gesto. Pero hay un hecho muy claro: la mujer fue seducida a pecar por quienes la acusaron.

Se montó un operativo para su captura. Luego de haberlos sorprendido, un grupo de hombres airados llevó a la mujer hasta el templo. Un anciano con ropas de gala, una mitra sobre la cabeza y una placa sobre la frente con la leyenda: "Santidad a Jehová", iba a juzgarla.

Un silencio abrumador llenó la sala. Entonces resonó el veredicto sacrosanto: "Hija mía, has cometido un gravísimo pecado. Has atentado contra la moral del pueblo y la sagrada religión. ¡Eres una mujer maldita! ¡Debes morir apedreada!"

La mujer siente que un rayo cae sobre ella. Exánime, se derrumba. Solo imagina la muerte por lapidación. Entonces la levantan y la arrastran otra vez por los pasillos hasta el patio del templo. Cuando levanta la cabeza, los rayos del sol matutino la enceguecen. Encandilada por el resplandor, con los ojos entrecerrados, ve la multitud y piensa: *Ahí están mis verdugos, pronto moriré. Gracias, Señor, por liberarme de esta tortura.*

Pero se hace un silencio prolongado. El murmullo se acalla. *¿Qué ocurre? ¿Por qué no me apedrean? ¿Me estarán juzgando nuevamente?* —se pregunta. Se atreve a levantar la mirada y entonces observa un rostro bondadoso y comprensivo que la contempla con dulzura. ¡Jamás la habían mirado así! Por primera vez se siente reconocida y apreciada. *¿Quién es este hombre? ¿Por qué todos esperan de él una respuesta? Si el sumo sacerdote dijo que debía morir, ¿quién es este que debe dar su veredicto?*

Sin poder entender, observa cómo Jesús escribe en el suelo los pecados y la trama maldita de sus acusadores. Nombre por nombre, pecado por pecado. Mira las palabras escritas en tierra y el efecto en el ánimo de los religiosos: todos huyen. Entonces, es sorprendida nuevamente por la voz cálida de Jesús. "Mujer,

¿dónde están los que te acusaban? ¿Ninguno te condenó?" Observando que ya no quedaba nadie, dijo: "Ninguno, Señor". Entonces descendieron sobre sus oídos, como bálsamo exquisito, las dulces palabras de la gracia del perdón: "Ni yo te condeno; vete, y no peques más" (S. Juan 8:2-11).

Cómo y por qué practicar el perdón

¿De dónde sacar fuerzas para perdonar? Las emociones no se derogan por decreto. Las cicatrices quedan. Pero las heridas dejan de sangrar y se curan con el perdón. El perdón es fundamentalmente una acción de la voluntad. Pero la voluntad debe ser iluminada y fortalecida. Los creyentes estamos convencidos de que se necesita la ayuda de Dios para producir el milagro de ablandar el corazón endurecido por el rencor y alcanzar la sensación dichosa de la liberación. Cuando recibimos el perdón de Dios a nuestras vilezas, aprendemos más fácilmente a perdonar a los demás. Dijo Jesús: "Por lo cual te digo que sus muchos pecados le son perdonados, porque amó mucho; mas aquel a quien se le perdona poco, poco ama" (S. Lucas 7:47). La experiencia de recibir el perdón es la que habilita para concederlo. Solo entonces adquieren sentido las palabras de la oración de Jesús: "Padre... perdónanos... como también nosotros perdonamos a nuestros deudores" (S. Mateo 6: 9, 12). Por eso, el consejo del apóstol Pablo es: "Antes sed benignos unos con otros, misericordiosos, perdonándoos unos a otros, como Dios también os perdonó a vosotros en Cristo" (Efesios 4:32).

La mejor representación del perdón en la Biblia es el Santuario terrenal y el Santuario celestial. El día que murió Jesús, el sacerdote que oficiaba en el atrio del Templo de Jerusalén se hallaba listo para ofrecer un cordero como sacrificio. Pero cuando levantó el cuchillo para matar a la víctima, la tierra se estremeció. Aterrado, el sacerdote dejó caer el cuchillo y el cordero escapó. Y el velo del Templo se rasgó (ver S. Mateo 27:51). En el otro extremo de la ciudad, negras nubes se cernían sobre la cruz. Cuando Jesús, el Cordero pascual de Dios, exclamó: "¡Consumado es!", murió por los pecados del mundo. Había ocurrido el preciso acontecimiento al que señalaban los servicios del Santuario terrenal a lo largo de los siglos. El Salvador había completado su sacrificio expiatorio, y por cuanto el símbolo se había encontrado con la realidad, los ritos que anticipaban ese sacrificio se invalidaron. Por eso el velo se rasgó y el cordero huyó.

Sin embargo, la historia de la salvación llega más allá de la cruz. La resurrección y ascensión de Jesús dirige nuestra atención hacia el Santuario celestial, en el que Cristo ya no es el Cordero sino que ministra como sacerdote. Ya que "Cristo ha sido ofrecido en sacrificio una sola vez para quitar los pecados de muchos" (Hebreos 9:28, DHH), ahora pone los beneficios de este sacrificio expiatorio a disposición de todos. Esta es la justicia divina satisfecha por el sacrificio. Esto es lo que garantiza el perdón divino a la humanidad. El sacrificio de Cristo es el precio pagado por el perdón.

El Nuevo Testamento revela que hoy Jesús ejerce como Sumo Sacerdote "a la diestra del trono de la Majestad" en el Santuario celestial. Este Santuario es el "verdadero tabernáculo que levantó el Señor, y no el hombre" (Hebreos 8:1, 2). El Santuario celestial no es una metáfora. Es real. Es la morada primaria de Dios. Realiza las tres fases del ministerio de Cristo: 1) el sacrificio sustitutivo, 2) la mediación sacerdotal, y 3) el juicio final. Es la gran obra de la justicia divina para garantizar el perdón de Dios a la humanidad.

Esta verdad eterna viene a decirte que Dios perdona todos tus pecados, por horribles que hayan sido, para que tú también perdones a quienes te han ofendido. Pero la pregunta más importante es: ¿Cómo practicar el perdón recibido de Dios hacia el que nos ha ofendido?

Tú puedes saber al dedillo lo que escribí en los párrafos anteriores de cómo opera el perdón de Dios por la humanidad. Aun más, puedes creer en esto y aceptarlo teóricamente. Esto no es muy difícil. Lo más difícil es conceder el perdón recibido de Dios al que nos ha herido.

¿Cómo hacer para superar el deseo de venganza por esa ofensa que carcome nuestra alma? ¿Cómo sanar del poderoso veneno del rencor? La respuesta está en aprender a perdonar a quien nos ha ofendido. Debemos aprender a aplicar en nuestra vida lo que leemos en la Biblia. No son nuestras creencias las que nos hacen buenos, sino nuestras acciones. No seremos juzgados por lo que decimos, sino por lo que hacemos (ver S. Mateo 25:31-46). Ahora mismo, arrodíllate y di en oración: "Señor, no puedo perdonar; concédeme el dulce don del perdón. Lo necesito como el aire para respirar". Dios te responderá inmediatamente. Cuando te levantes de tus rodillas, es posible que no te sientas diferente; pero Dios es fiel a sus promesas, y suave, tiernamente te llevará por el proceso, a veces doloroso, del perdón y la liberación del peso del rencor.

Es posible que nuestro perdón deje inalterable al perdonado. Pero a nosotros nos ennoblece y nos brinda paz. El perdón nos libera interiormente de la tortura autoacusadora, del reproche, de los deseos de venganza y revancha. El perdón sacia la sed de represalia. El perdón nos libera de las cadenas que esclavizan el alma y enferman el cuerpo. El perdón puede o no conducirnos a la reconciliación con el otro, pero finalmente la reconciliación será con uno mismo.

Perdonar no significa que nos resignemos impotentes a lo que nos ocurrió, ni que lo aprobemos. Perdonar no significa dejar de darle importancia a los hechos, ni darle la razón a alguien que nos lastimó. Perdonar significa simplemente leer el pasado de un modo distinto, con nuevos ojos iluminados por el amor, sanados por el colirio divino. Perdonar te quita una carga de encima.

Si tienes problemas para perdonar, haz este ejercicio: Carga una bolsa de papas de veinte kilos sobre tu espalda durante una semana, y luego dime cómo te sientes. Esa bolsa de papas que se pudre con el paso de los días es como el rencor, que es rancio y te deja rengo. La misma raíz latina, *rancidus*, expresa esto que te estoy diciendo: De esta palabra provienen los términos rencor y rengo. *Rancidus* expresa dos características distintivas del resentimiento: la condición de algo viejo que se ha descompuesto, que está "en mal estado", rancio, y el estancamiento o inmovilidad que impide que el resentido avance, rengo. Así como la bolsa de papas te impide mover y desenvolverte con facilidad, la falta de perdón te impide vivir y gozar de la vida espiritual y emocional. Deja "la bolsa de papas", y verás cuán liviana y gozosa es la vida.

Pero aún falta decir algo más acerca del perdón: Debemos aprender a concedérnoslo a nosotros mismos.

Un estudio realizado con 213 veteranos de guerra demostró que los que tenían dificultad para perdonarse a sí mismos padecían un mayor grado de depresión, ansiedad y síntomas severos de estrés postraumático.[8]

Corría enero de 2014 cuando recibí una llamada telefónica de una mujer de Salinas, California. Se trataba de una mayordoma de una de las compañías cosechadoras. Ella me dijo: "Por favor venga a ver a mi padre, que está muy deprimido. Ya tuvo dos intentos de suicidio. Hace dos años, a la edad de 57 años, se fue con una chica mucho menor que él, pero esa relación duró poco tiempo. Cuando advirtió lo que había hecho, volvió a la casa, pero mi madre no lo recibió. Entonces cayó en una terrible depresión. Finalmente, mi hermana y yo hablamos con mi madre y le pedimos que lo perdonara. Mi hermana y yo lo perdonamos antes que mi madre, porque nos preocupaba su depresión. Finalmente toda la familia lo perdonó, porque su dolor parecía ser un profundo arrepentimiento. Pero aun en la casa sigue deprimido. Él no se perdona a sí mismo su error, porque, como católico fanático, siempre había sido muy recto y exigente con toda su familia".

Fui a ver a Don Guadalupe. Lo encontré cabizbajo, inclinado en un sillón dentro de su habitación oscura. No sabía si dormía o meditaba. Le hablé y no me respondió. Entonces, atiné a aplicarle su propio remedio:

—Usted cometió un grave error, un gran pecado —le dije.

Y entonces habló:

—¡Sí! Usted es el único que me ha hablado así. Toda mi familia dice que todo ya pasó, pero aún sigo mascullando mi pecado. Lo que pasó no lo cambia nadie.

—¿Y cuánto tiempo más piensa seguir castigándose? —le pregunté.

El hombre levantó rápido la cabeza y me miró fijo a los ojos:

—No sé. No lo había pensado.

—Bueno, le doy un tiempo, y en un par de días volvemos a hablar.

Su respuesta fue tan intempestiva como inesperada:

—Creo que ya fue suficiente tiempo. Voy a parar de sufrir.

Toda la familia quedó contenta con su decisión. Al día siguiente volví a visitarlo para enseñarle los textos bíblicos que hablan de la gracia y del perdón de Dios, con el propósito de que ese conocimiento lo sostuviera en caso de que recayera en la depresión. Su perdón ya estaba garantizado. Él solo debía aceptarlo.

Poco tiempo después recibí otra llamada telefónica de la hija: "Mi padre se suicidó. ¿Puede venir al funeral?"

La tercera fue la vencida, pensé. No supo perdonarse. A veces es más difícil perdonarse a uno mismo que perdonar a los demás. No mastiques amargura. Convierte el perdón hacia ti y hacia los demás en un hábito, como si fuera una plegaria.

Enseñanza bíblica: Jesús y el perdón
(S. Juan 8:1-11)

Introducción: Albert Einstein, considerado el físico teórico más genial del siglo XX, dijo una vez: "Cuando la solución es simple, Dios está respondiendo". El genio tenía razón, a Dios no le gustan las complicaciones. Él ama la sencillez. Escribió su ley moral en solo diez mandatos. Aunque la sabiduría contenida en esos estatutos podría llenar bibliotecas, Dios la sintetizó, y así legó al mundo la expresión escrita de su amor y su justicia en diez cortas frases.

La ley de Dios es la expresión de su amor, la firma de su justicia. ¿Por qué Jesús salvó a esta mujer? ¿De qué la acusaban estos hombres? ¿Qué escribió en la tierra? ¿Por qué le dijo al final "vete y no peques más"?

En el estudio anterior hablamos de la salvación y el perdón. ¿Pensaste alguna vez de qué nos debía perdonar Dios? ¿Pensaste alguna vez por qué murió Jesús? ¿Has reflexionado alguna vez acerca de qué es el pecado?

Estudiemos lo que dice la Biblia acerca de la ley de Dios:

¿Qué es pecado según la Biblia? *(1 Juan 3:4).*

La Biblia dice que el pecado es infracción de la ley, ¿pero a qué ley se refiere la Biblia?

¿Qué expresión, relacionada con la ley, menciona el apóstol Pablo? *(Romanos 7:7).*

El escritor de este pasaje bíblico asocia la palabra ley con la expresión "no codiciarás".

¿Dónde aparece también esta expresión "no codiciarás"? *(Éxodo 20:17).*

La expresión "no codiciarás" forma parte del Decálogo, o sea, los Diez Mandamientos, también conocidos como la ley moral.

¿Qué más nos dice la Biblia acerca de esta ley? *(Salmo 119:152).*

Este testimonio, que es la ley de Dios, es tan eterno como Dios.

¿Qué similitud tienen los mandamientos con el carácter de Dios? *(Romanos 7:12).*

"La ley es santa y el mandamiento santo, justo y bueno". También Dios es santo, justo y bueno.

¿Quiso Jesús abolir esa ley? *(S. Mateo 5:17).*

Jesús no vino a "abrogar" (abolir), sino a afirmar la ley eterna de Dios.

¿Para qué nos sirve la ley? *(Gálatas 3:24).*

La ley nos conduce a Cristo, porque al mirarnos en ella y vernos pecadores, sentimos la necesidad de un Salvador.

Conclusión: Jesús salvó a esta mujer como símbolo de su poder para salvar a los pecadores condenados por la ley. Él escribió en tierra con su dedo así como Dios había escrito la Ley con su dedo en el Monte Sinaí (ver Éxodo 31:18). Y Jesús murió, y nos perdonó de la condenación de la ley, porque esa ley no se podía cambiar. Jesús nos salva y nos transforma para que vivamos en armonía con el espíritu de la ley de Dios (ver Romanos 3:31). Un refrán dice: "La ley de Dios ordena las prioridades: Dios primero, luego las personas, las cosas al final".

Llamamiento: ¿Aceptarás su gracia transformadora para vivir en armonía con la eterna ley de Dios?

Resolución: Acepto la gracia transformadora del Señor para vivir así con el Espíritu de la ley.

Firma de resolución: _____

EVALUACIÓN DEL PERDÓN

Contesta las siguientes 10 preguntas, asignándole un número del 1 al 10, donde 1 significa "Muy en desacuerdo"; 5: "Ni de acuerdo ni en desacuerdo"; y 10: Muy de acuerdo.

PREGUNTAS	PUNTAJE
1. No voy a perdonar a nadie si no se disculpa y reconoce lo que ha hecho.	
2. Los que me han herido y menospreciado, aunque crean que no tienen la culpa, no merecen mi perdón.	
3. Mi incapacidad para perdonar se debe a que recuerdo mucho el pasado.	
4. No puedo perdonar porque no tolero el mal comportamiento.	
5. Mi dificultad para perdonar hace que me sea difícil confiar en los demás.	
6. Es difícil perdonar, porque es como quitarle importancia al asunto.	
7. El perdón simplemente se siente. No es una habilidad.	
8. Como no se puede hacer nada para cambiar las cosas, tiendo a guardármelo dentro y no compartir mi dolor con nadie.	
9. Si perdono, seré vulnerable, por eso no puedo hacerlo. Tengo que protegerme.	
10. No me puedo perdonar a mí mismo por las decisiones y errores del pasado.	

Resultados del TEST DEL PERDÓN

1. Suma el puntaje de cada una de las 10 preguntas.
2. Según la suma total obtenida, ve el diagnóstico que te corresponde.

Tabla de interpretación

15 puntos o menos	Eres un excelente perdonador. ¡Felicitaciones!
16 a 29 puntos	Eres bastante competente en la capacidad de perdonar. Tienes la habilidad y mantienes una actitud positiva.
30 a 49 puntos	Eres moderadamente competente en perdonar. Puedes mejorar en ser menos negativo y no anclarte en el pasado.
50 a 69 puntos	Tu capacidad para perdonar está deteriorada. Tienes dificultad para perdonar, lo que limita tu capacidad para tener una actitud positiva y vivir en el presente.
70 a 84 puntos	Tu capacidad para perdonar está severamente dañada. Debes trabajar para desarrollar tu habilidad de perdonar.
85 a 100 puntos	¡Peligro! Tu incapacidad para perdonar está afectando tremendamente tu vida. Busca apoyo psicológico y haz una terapia para perdonar.

CAPÍTULO 3

La alegría

"La alegría y el amor son las alas para alcanzar los grandes sueños"
—Johann W. Goethe.

Juan Cabrera apenas pesaba un poco más que el cajón de tomates que cargaba sobre su pequeña humanidad de diez años. Lo que no sabía Juan era la consecuencia que tendría para su carácter y su destino, los pensamientos que se le cruzaban por la mente a la velocidad de la luz: No tengo que aflojar. No puedo ni debo. Debo llegar al final de la calle. La señora me confió este cajón de tomates y no puedo dejarlo caer. Después de haber caminado casi doscientos metros, exhausto, Juan se ayudó con todo el cuerpo, inclinándose contra la pared para que el cajón no se cayera. Dejó que su carga resbalara despacito hasta que logró dominarla con su muslo y pudo depositarla en el lugar indicado. Una metáfora de su vida.

A los diez años, Juan supo sin saberlo que nadie llega a la cima venciendo a los demás sino venciéndose a sí mismo. Supo, además, que cada uno tiene sus propios infiernos y sus propias cimas. Su infierno era su casa, y su cima, ganarse unos pesos para alejarse de sus padres. Vivir solo a la edad de diez años. Por eso cargaba cajones en el mercado del pueblo.

Juan Cabrera nació en la colonia Centro, en Coeneo, Michoacán, una cálida tarde de marzo de 1978, de una madre que había parido cinco hijos y que pariría otros tantos en el siguiente lustro. De niño se la tuvo que arreglar solo, porque su madre no tenía tiempo más que para hacer higos acaramelados, ates y chilacayotes* para vender casa por casa, a fin de sostener a su familia. Su padre, un hombre muy violento cuando estaba borracho, gastaba todo lo que ganaba en las cantinas de un pueblo cercano al caserío donde vivía su familia. Juan sabía que ante una señal de la madre, si veía venir a su padre tambaleando tarde en la noche, debía esconder todos los cuchillos y los "fierros", alistar a sus hermanitos y salir como patitos en fila, huyendo por la abertura de atrás de la choza, camino a la casa de la abuela, que quedaba a unos kilómetros de allí.

A los doce años, Juan ya era un chico de la calle. Trabajaba duro y también se drogaba duro. Aprendió a fumar marihuana, a beber alcohol, y cuando le sobraban unos pesos se metía cocaína. Esa fue su vida, entre drogas y trabajos temporales hasta los dieciocho años, cuando pensó que su suerte podía cambiar. Había conocido a Carmen, la "Flaca", una bolsa de huesos que parecía llevarla el viento, con grandes ojos negros, cariñosos.

La noche que conoció a Carmen, Juan tuvo un sueño. Fue un "sueño" parecido al del esclavo judío que relata el Salmo 126. La Biblia narra que aquel esclavo vivía en el exilio, lejos de su patria, cautivo en Babilonia, sufriendo la nostalgia de la lejanía, y soñaba con ser liberado y volver a su hogar. Entonces cantó: "¡Señor, haz que cambie de nuevo nuestra suerte, como cambia el desierto con las lluvias! Los que siembran con lágrimas, cosecharán con gritos de alegría. Aunque lloren mientras llevan el saco de semilla, volverán cantando de alegría, con manojos de trigo entre los brazos" (Salmo 126:4-6; versión *Dios Habla Hoy*).

Juan sueña que todo cambia: Se imagina que vuelve a su casa natal, con los mismos padres, pero transformados. Se imagina con sus hermanos y con Carmen. Entonces grita de alegría por la liberación. Su rostro brilla de felicidad y estalla en saltos incontenibles de júbilo. No puede más de contento, hasta que descubre que todo es un sueño. Como el del esclavo judío.

Después de aquella noche, Juan supo algo: la única sensación de alegría que había tenido en su vida fue en aquel sueño. Pero si podía soñar dormido podía también soñar despierto. Quería ponerle vida a su sueño, ser feliz; y le ofreció casamiento a la "Flaca".

Pasaron apenas dos años de su casamiento cuando Juan y Carmen emigraron a los Estados Unidos. Cruzaron la frontera. Pero a Juan le esperaban otras fronteras más difíciles de cruzar. Lo que Carmen no sabía era que Juan se drogaba para sostenerse en pie, "para echarle ganas". Juan estaba pagando en su cuerpo las deudas de su infancia. Desde su niñez había intentado ahogar la angustia en el alcohol, el cigarrillo, la marihuana y la cocaína, y desde que estaba de este lado de la frontera le había sumado *crystal*, *ice* y *crack*.

Por diferentes causas, fue a parar a la cárcel tres veces. Nunca por alcohol ni por drogas, sino por incidentes menores que cualquier ciudadano estadounidense hubiera sorteado con facilidad. Es que cuando venimos en caída, el destino parece empujarnos aún más al abismo. Cada vez que Juan salía de la cárcel lo deportaban. Luego de la última deportación, cuando cruzó nuevamente la frontera hacia los Estados Unidos, Carmen ya había decidido dejarlo. Quería proteger a su único hijo, Edén, de los desvaríos de su padre.

Entonces los hechos se precipitaron sobre Juan con la velocidad del rayo. Todo parecía indicar que Juan era empujado por un viento hacia la encrucijada de su destino. Él lo intuía. Sabía que debía cambiar, pero no sabía cómo. En esa semana cuando volvió de México, la madre de Carmen tuvo una conversación con su hija:

—Juan no es malo. Es un muchacho bueno, pero confundido. Dale una última oportunidad.

Esa misma tarde, el pastor adventista Pedro Rascón llamó por teléfono a Carmen para orar por ella y por Juan. Conversaron, y el pastor le dijo:

—Dale una oportunidad más a tu esposo.

Al día siguiente, Juan se presentó en el juzgado; pues el juez le había extendido el plazo de comparecencia para que pudiera presentarse una vez que cruzara la frontera. El magistrado sabía que Juan cruzaría la frontera nuevamente, pero lo estaba invitando a que cruzara definitivamente una frontera interior hacia la felicidad. Le dijo:

La familia Cabrera Velázquez: de izquierda a derecha, Carmen, Edén, Alonso y Juan.

—He borrado tu historial, porque no quiero verte más ante mí. Aprovecha esta oportunidad.

Juan recibió aquellas palabras de gracia como Palabra de Dios; y a los 27 años abandonó la droga y se entregó a Cristo.

Estamos con Florencia, mi esposa, sentados ahora mismo, mientras escribo estas líneas, en el comedor de la casa de Juan Cabrera y Carmen Velázquez. Ellos están frente a nosotros con sus hijos Edén, de catorce años, y Alonso, de siete. Juan ha construido cada mueble que decora su casa. Es un hombre prolijo, responsable, como aquel niño que cargaba el cajón de tomates. Vela por cada detalle de lo que sale de sus manos prodigiosas. Carmen ha convertido aquella casa en un hogar de paz.

—¿A quién tienes que agradecer? —le pregunto a Juan.

—A mi suegra, Celia Vargas —me responde—, por su amor incondicional. Y a los pastores Pedro Rascón y Edwin López, por visitarme en la cárcel y mostrarme un nuevo camino. Y a Jesús, mi Señor. Tengo una profunda alegría en mi corazón. Llevo mi pasado por dentro, no puedo dejarlo, pero decido qué quiero elegir de ese pasado. Elijo aquel sueño que tuve de joven; elijo pensar que Dios me guió y me liberó para darme esta gran felicidad.

Juan nació de nuevo, y su alegría es el don del Espíritu Santo a quienes entregan su vida a Cristo: "El fruto del Espíritu es amor, *gozo*, paz, paciencia, benignidad, bondad, fe" (Gálatas 5:22; la cursiva es nuestra).

La alegría de Juan descansaba en el hecho de haber nacido nuevamente. El juez le había dado la última oportunidad para que cruzara definitivamente la frontera hacia una nueva vida. Pero solo Jesús podía concederle esa nueva vida.

Qué dice la ciencia acerca de la alegría

Una enorme bibliografía ha confirmado la relación entre la alegría y la buena salud. Por ejemplo, un estudio realizado a 36.598 personas, seguido durante más de cinco años, encontró que las personas del grupo que eran más alegres tenían un 26 por ciento menos de riesgo de morir prematuramente a causa de enfermedades relacionadas con el estrés y con disfunciones coronarias.[1] Esto se debe al hecho de que las emociones positivas inciden en los procesos biológicos, mejorando el funcionamiento del sistema inmunitario y aumentando los niveles de anticuerpos, o células de defensa.[2]

Seguramente la investigación sobre la felicidad y la longevidad más importante que se ha realizado hasta el momento fue el estudio de 180 monjas que habían escrito diarios con datos biográficos en la adolescencia. Se diferenciaron las más alegres de las que no lo eran. Fueron seguidas durante 70 años, y se encontró que la mayoría (el 90 por ciento) de las más alegres aún vivían a los 85 años, pero solo vivía el 34 por ciento del grupo de las menos alegres. En un seguimiento posterior se verificó que del grupo de las alegres, el 54 por ciento seguían vivas a los 94 años, mientras que del otro grupo solo sobrevivía el 11 por ciento. Las diferencias hablan por sí mismas del valor de la alegría.[3]

Hace muchos años que se sabe que la risa es saludable. Quizás el caso más impactante que llevó a la ciencia a reconocer los efectos salutíferos de la risa haya sido el de Norman Cousins, que sufrió una enfermedad diagnosticada como "espondilitis anquilosante", una parálisis progresiva poco común que ataca piernas, cuello y espalda, y produce fiebre y dolores intensos en todo el cuerpo. Los especialistas le dieron muy pocas esperanzas de vida: solo un paciente de cada quinientos había logrado salvarse. Cousins razonó que si las emociones negativas enferman, entonces las emociones positivas deberían curarlo. Se encerró durante varios meses en un hotel, dedicado al descanso y a mirar numerosas películas humorísticas y leer libros de humor. Empezó a automedicarse la droga de la risa: "El plan dio resultado. Descubrí con gozo que diez minutos de carcajadas genuinas producían un efecto anestésico y me permitían dormir por lo menos dos horas, sin ningún dolor. Cuando desaparecía el efecto analgésico de la risa, conectábamos otra vez el proyector (de cine); no era raro que esta nueva sesión derivara en otro intervalo de sueño indoloro".[4] Así logró recuperarse totalmente.

Jesús y la alegría

"Y había allí [en la sinagoga] una mujer que desde hacía dieciocho años tenía espíritu de enfermedad, y andaba encorvada, y en ninguna manera se podía enderezar. Cuando Jesús la vio, la llamó y le dijo: Mujer, eres libre de tu enfermedad. Y puso las manos sobre ella; y ella se enderezó luego, y glorificaba a Dios. Pero el principal de la sinagoga, enojado de que Jesús hubiese sanado en el día de reposo, dijo a la gente: Seis días hay en que se debe trabajar; en estos, pues, venid y sed sanados, y no en día de reposo. Entonces el Señor le respondió y dijo: Hipócrita, cada uno de vosotros ¿no desata en el día de reposo su buey o su asno del pesebre y lo lleva a beber? Y a esta hija de Abraham, que Satanás había atado dieciocho años, ¿no se le debía desatar de esta ligadura en el día de reposo? Al decir él estas cosas, se avergonzaban todos sus adversarios; pero todo el pueblo se regocijaba por todas las cosas gloriosas hechas por él" (S. Lucas 13:11-17).

¿Quién era esa mujer descubierta por Jesús en la sinagoga aquel sábado? Casi no tenemos información de ella. El texto bíblico nos deja en la oscuridad total para desentrañar los ejes principales de su existencia. El dato más importante y llamativo es que hacía dieciocho años que estaba enferma. Sometida a condiciones infrahumanas, como un cuadrúpedo, vivía en una situación vergonzosa y humillante. Le resultaba casi imposible establecer contacto ocular con otro adulto.

¿Qué edad tendría cuando se declaró la enfermedad? Difícilmente podría haber tenido más de treinta años, ya que el deterioro le habría imposibilitado caminar y llegar a la sinagoga. Quizás era más joven cuando esa cruz pesada se depositó sobre sus hombros y fue doblando su columna vertebral. Quizás el esposo la habría desechado por estar incapacitada. Por eso, es posible pensar que fue una mujer condenada a la soledad y al abandono.

¿Cómo sobrellevó durante dieciocho años ese martirio en soledad? Quizás al principio la movía la ilusión de la curación, y buscó ayuda en médicos o en esos otros mercaderes de la salud que pululan en todos los tiempos. Paulatinamente, el malestar físico fue generando decepción tras decepción, hasta descubrir la terrible verdad de que no había remedio humano para su mal. La ansiedad se convirtió en frustración y la frustración en desamparo. Salir a la calle era exponerse a la curiosidad malsana o a la lástima de la gente.

¿Qué hacer? Pues buscar la ayuda de Dios, que era su última y única esperanza. ¿Dónde encontrarla? En la sinagoga, el lugar donde debería manifestarse el poder de Dios. Así que durante años y años su única salida de su hogar fue concurrir a la sinagoga, con el anhelo íntimo de encontrar la salvación para su cuerpo y su alma.

¿Pero qué era lo único que encontraba en esos espacios destinados a la salvación? Solo había dirigentes religiosos embotados por una ortodoxia rigurosa y compulsiva, dominados por los imperativos del deber, que los incapacitaban para ver la alegría de la salud. También ellos eran "jorobados" que vivían encorvados por el peso de las obligaciones. Solo sabían de ritos y el cumplimiento estricto de las normas. Vivían bajo los mandatos del "deberías ser" o el "deberías hacer". Lo único que comprendían eran la rigidez y dureza de los estatutos y las normas. Más que custodios de la legalidad, eran súbditos del deber, víctimas del formalismo. Por eso, Jesús en aquel día mostró en qué consistía la soberanía del "reino de los cielos", la auténtica religión, quiénes eran los verdaderos hijos de Dios. El gran Sanador dio una lección de libertad y alegría. Sanó a la mujer y produjo seguramente la mayor expresión de gozo en una sinagoga en el día de reposo.

El mensaje de libertad y alegría no fue solo para la mujer sanada y los miembros de la sinagoga del pasado, sino para todos los que por la fe podemos vivir en Cristo la experiencia de una nueva vida. Así como Juan Cabrera.

Cuando se produjo el milagro, aquella mujer estalló espontáneamente en alabanza y alegría por la intervención divina. Imagino a aquella mujer riendo alocadamente. Riéndose con la boca y con los ojos, con el cuerpo y el alma, para expresar su alabanza. E imagino que aquella mujer habrá seguido riéndose por el resto de su vida, porque sentía que esa risa que brotaba del contentamiento la defendía de las agresiones externas y mejoraba su salud física, mental y espiritual.

La risa es el sol del alma, la luz de la existencia. Mejora sensiblemente la cantidad y la calidad de la vida. Por eso Pablo aconseja: "Gran ganancia es la piedad acompañada de *contentamiento*; porque nada hemos traído a este mundo, y sin duda nada podremos sacar. Así que, teniendo sustento y abrigo, estemos *contentos* con esto" (1 Timoteo 6:6-8; la letra cursiva es nuestra)

Aquella mujer, Juan Cabrera, y los que han decidido depositar su carga sobre Jesús viven esta clase de alegría, que solo proviene de Dios.

Cómo y por qué defender la alegría

La mujer encorvada nació nuevamente luego de la intervención de Jesús. Y nació en dos sentidos: a una nueva existencia en este mundo y a la esperanza de la vida eterna. Ya dijimos que la alegría verdadera es el segundo don del Espíritu Santo (Efesios

5:22), y es la expresión del nuevo nacimiento. El Espíritu Santo da alegría porque da vida.

En el capítulo tres de San Juan, Jesús explica, en diálogo con un maestro de Israel, la operación del nuevo nacimiento mediante la obra del Espíritu Santo: "Había un fariseo llamado Nicodemo, que era un hombre importante entre los judíos. Éste fue de noche a visitar a Jesús, y le dijo: Maestro, sabemos que Dios te ha enviado a enseñarnos, porque nadie podría hacer los milagros que tú haces, si Dios no estuviera con él. Jesús le dijo: Te aseguro que el que no nace de nuevo, no puede ver el reino de Dios. Nicodemo le preguntó: ¿Y cómo puede uno nacer cuando ya es viejo? ¿Acaso podrá entrar otra vez dentro de su madre, para volver a nacer? Jesús le contestó: Te aseguro que el que no nace de agua y del Espíritu, no puede entrar en el reino de Dios. Lo que nace de padres humanos, es humano; lo que nace del Espíritu, es espíritu. No te extrañes de que te diga: 'Todos tienen que nacer de nuevo'... Nicodemo volvió a preguntarle: ¿Cómo puede ser esto? Jesús le contestó: Nadie ha subido al cielo sino el que bajó del cielo; es decir, el Hijo del hombre. Y así como Moisés levantó la serpiente en el desierto, así también el Hijo del hombre tiene que ser levantado, para que todo el que cree en él tenga vida eterna" (vers. 1-9, 13- 15).

Este texto expresa dos grandes verdades acerca del nuevo nacimiento: En primer lugar, ser conscientes de que el nacimiento no depende de nosotros, así como no dependió de nosotros el nacimiento en este mundo. Y en segundo lugar, aceptar a quien "bajó del cielo para ser levantado en la cruz". La vida proviene de Dios y la salvación de su Hijo. Recibir esto en el corazón es nacer de nuevo, y es lo único que nos dará la verdadera alegría en esta vida.

La alegría del creyente es Cristo. Leemos en Filipenses 4:4: "Estén siempre llenos de alegría en el Señor" (Nueva Traducción Viviente; la cursiva es nuestra). Su Persona es nuestra alegría. En su presencia hallamos "plenitud de gozo" (Salmo 16:11). Jesús dijo: "Estas cosas os las he dicho, para que mi alegría esté en vosotros y vuestra alegría sea plena" (S. Juan 15:11). La alegría del creyente es un estado de riqueza interior, de sentirse satisfecho con lo que se tiene, porque uno se siente aceptado por Dios, redimido y dirigido por él.

Jesús dijo que la alegría puede surgir de la tristeza y aun del dolor. Lo ejemplificó con la experiencia de la parturienta. Esas palabras fueron dichas en ocasión de anunciar su muerte y alejamiento de la tierra. Los discípulos estaban apesadumbrados por la separación. Durante tres años habían convivido con el Maestro, y ahora se iba. Sufrían la pérdida y el alejamiento. Entonces Jesús les transmitió la esperanza de que volvería por segunda vez, para no separarse nunca más de ellos y de todos los que creen en él (S. Juan 14:1-3). Esa esperanza "bienaventurada" (Tito 2:13) ha sido el corazón de la fe de los cristianos a lo largo de los siglos y milenios. Pero mientras tanto, les concedió la promesa de la compañía del Espíritu Santo. Esta persona de la divinidad daría a los discípulos de aquellos tiempos, y de todos los tiempos, la vivencia bendita de la presencia permanente de Cristo en la vida. Esa experiencia sería como un renacimiento, un nuevo alumbramiento de fe y alegría, que disiparía las sombras de la angustia.

Por eso, anclado en esta esperanza, entrega hoy mismo tu corazón a Jesús. Haz esta tarea todos los días, para mantener la vitalidad emocional, los sentimientos de entusiasmo, esperanza y compromiso.

Los ocho secretos de la alegría

- Acepta a Cristo.
- Cultiva el optimismo: Aprende que no importa lo que pase, o cuán malo pueda parecer el día de hoy, la vida continúa, y mañana será mejor.
- Cultiva amistades. Esto te dará alegría. Y por esto te recordarán. Porque las personas olvidarán lo que dijiste, olvidarán lo que hiciste, pero nunca olvidarán cómo las hiciste sentir.
- Asiste a una iglesia y vive tu fe en comunidad.

- Cuida tu salud. Descansa y aliméntate saludablemente. Respira aire puro cada mañana. Bebe por lo menos ocho vasos de agua cada día.
- Haz ejercicio físico.
- Ayuda a los demás. Busca al necesitado.

---

*Del *náhuatl tzilacayutli*, calabaza blanca, fibrosa, endulzada.

Enseñanza bíblica: Jesús y la alegría
(S. Lucas 13:10-17)

Introducción: Una jovencita guardadora del día de reposo bíblico vendía frutas en un mercado, y cada sábado cerraba su negocio. Uno de sus clientes, que no creía en la observancia del séptimo día, le insistía que abriera durante el sábado, diciendo que todos los días son iguales para Dios. Ella defendía su fe. Un día llegó el hombre a discutir de nuevo, y como la joven estaba ocupada, este alineó siete toronjas, y con una señal le hizo ver a la niña que así como las toronjas eran iguales, los días de la semana también lo son. La muchacha cambió la séptima toronja por una naranja. El hombre entendió la respuesta: el séptimo día es más dulce que los otros.

El relato bíblico dice que Jesús fue un sábado a la sinagoga a enseñar la Palabra de Dios. En un capítulo anterior de este mismo Evangelio leemos que la "costumbre" de Jesús era ir los sábados a la sinagoga, la casa de Dios (4:16). En uno de esos sábados, Jesús sanó a una mujer que padecía una enfermedad desde hacía 18 años. Según el texto, algunos se enojaron con él por este milagro. ¿Por qué se enojaron? ¿Desobedeció Jesús la ley de Dios cuando sanó a la mujer en sábado? ¿Qué relación tiene el sábado con el gozo, la alegría y la paz?

En el estudio anterior vimos la función de la ley eterna de Dios y el poder transformador de Cristo para que vivamos en armonía con el espíritu de su ley, que es la base de su gobierno.

Estudiemos lo que dice la Biblia acerca del sábado:

¿Qué relación tiene el sábado con la ley eterna expresada en los Diez Mandamientos? *(Éxodo 20:8-11).*

El cuarto mandamiento del Decálogo nos manda a observar el sábado, séptimo día de la semana como día de adoración.

¿Era la observancia de este mandamiento exclusivamente para los judíos? *(Génesis 2:1-3).*

Cuando Dios acabó la creación de la tierra y de Adán y Eva, lo primero que hizo fue establecer el sábado, séptimo día de la semana como día de adoración, para que toda la creación recién salida de sus manos lo adorara antes que nada.

¿Qué dijo Jesús acerca del sábado? *(S. Marcos 2:27).*

Con esta declaración, Jesús reafirmó la idea de que el sábado no era solo para los judíos sino para toda la humanidad.

¿Qué relación hay entre Jesús y el sábado? *(S. Marcos 2:28).*

Como Señor del sábado, Jesús le da sentido al mandamiento. Puesto que es imposible guardar el sábado sin conexión con él; quien pretenda obedecer sin la gracia de Cristo, erra el camino. Jesús dijo que él es el que nos da el verdadero descanso (S. Mateo 11:28).

¿Cómo debemos guardar el sábado? *(Isaías 58:13, 14).*

Cuando vivimos por la fe transformadora, nos deleitamos en hacer la voluntad divina. Por eso, observamos el sábado como resultado de haber recibido la gracia y haber sido transformados por él.

¿Hasta cuándo se guardará el sábado, séptimo día de la semana, como día de adoración? *(Isaías 66:22, 23).*

Como el sábado es parte de la eterna ley de Dios, su observancia permanecerá por toda la eternidad. Por cuanto Jesús no cambió la ley, sino que la confirmó, sus seguidores también obedecieron este mandamiento (Hechos 16:13).

¿Qué relación hay entre la observancia del sábado y el gozo o alegría? *(Hebreos 4:8-10).*

Cuando entendemos que podemos vivir bajo la gracia de Dios, que no invalida su ley, por el poder de esa gracia descansamos en Dios. Como resultado, vivimos el gozo de la salvación. (Salmo 51:12).

Conclusión: El sanamiento de aquella mujer en sábado es un símbolo de la liberación que experimentamos cuando observamos ese día con Jesús. De esta manera, reafirmó el mandamiento que trae gozo y alegría a nuestra vida al conectarnos con Jesús. Se dice: "El sábado es el cumpleaños del mundo".

Llamamiento: ¿Aceptarás el reposo en Jesús, que trae gozo y alegría a la vida, observando este mandamiento?

Resolución: Acepto el reposo en Jesús, acepto su gracia que me capacita para observar el día de reposo.

Firma de resolución: _____

EVALUACIÓN DE LA ALEGRÍA[5]

Para cada una de las siguientes frases o preguntas, marca el
punto de la escala que consideras que mejor te describe.

1. En general me considero...

No feliz 1	2	3	4	5	6	Muy feliz 7

2. En comparación con mis pares o semejantes, me considero...

No feliz 1	2	3	4	5	6	Muy feliz 7

3. Algunas personas, en general, son muy felices, disfrutan de la vida más
allá de lo que suceda, sacan el máximo provecho de todo. ¿En qué medida
esta caracterización te representa?

No feliz 1	2	3	4	5	6	Muy feliz 7

4. Algunas personas, en general, no parecen estar felices, aunque no estén
deprimidas. ¿En qué medida esta caracterización te representa?

No feliz 1	2	3	4	5	6	Muy feliz 7

Resultados del TEST DE LA FELICIDAD

1. El puntaje de las preguntas 1, 2 y 3 es igual al número donde pusiste la marca.
2. Para la pregunta 4, está a la inversa. Si la respuesta es 1, corresponde a 7
   puntos; 2=6; 3=5; 4=4, 5=3, 6=2; 7=1.
3. Suma el resultado de las 4 preguntas. La interpretación está en la tabla
   siguiente.

Tabla de interpretación

24 a 28 puntos	muy feliz
19 a 23 puntos	feliz
14 a 18 puntos	término medio
8 a 13 puntos	infeliz
4 a 7 puntos	muy infeliz

CAPÍTULO 4

La generosidad

"Mándales que hagan el bien, que sean ricos en buenas obras, y generosos, dispuestos a compartir lo que tienen" (1 Timoteo 6:18, NVI).

Desde niño supe que siempre hay belleza en una mujer, a pesar de los años que tenga. Ya de adulto, cuando el recuerdo trae a Ofelia a mi memoria, supe que una mujer puede ser muy bella aun cuando sea fea. Este era el caso de Ofelia. Cuando yo tenía ocho años, ella tendría unos treinta. Era muy poco agraciada físicamente. Delgadita, huesuda, sin forma, con arrugas en su rostro y en su nariz, que era exageradamente angulosa, y además culminaba en una suerte de lunar parecido a una verruga. Toda ella era un concierto de fealdad. Ofelia jamás había tenido novio ni había recibido un beso de afecto en sus labios. Además, los chicos decían que le "faltaba un gramo pal quilo". Es decir, que su coeficiente intelectual estaba por debajo de la media de la población del barrio.

Todas las semanas la veía pasar delante de mi casa. Ella se detenía unos segundos para saludarme —a pesar de que yo era un niño, o precisamente porque yo era un niño— y preguntarme cómo me sentía. A veces me informaba que iba al hospital a ver a su doctor. Después supe que, en realidad, asistía a un tratamiento psicológico. Pienso que no le era fácil la vida a Ofelia. Sin embargo, hoy, después de más de cincuenta años, la recuerdo no por su apariencia física sino por su gran corazón.

Ofelia amaba a los niños. Era algo que yo no veía con frecuencia en la gente normal, ni en la gente linda e inteligente. Por eso, para mí, Ofelia era una persona diferente. Generosa y cálida, tenía un hábito loable: dos veces a la semana iba a un orfanatorio y sacaba a uno de los niños a pasear. A veces la veía, ocupada en aquella criatura como si fuera la mejor versión de una madre (digo la mejor, porque hay madres que maltratan a sus hijos). A pesar de ser soltera, había conseguido las autorizaciones correspondientes para sacar a un niño a pasear un par de tardes por semana. Por lo general, llevaba al niño al zoológico, al parque, a un lugar de diversiones o al cine. Le daba de comer y compartía toda la tarde con ese huérfano. Todos los niños se desesperaban por salir con Ofelia; y para ella, esas salidas eran los momentos más importantes de su vida.

A veces me comentaba con entusiasmo sus paseos con esos niños huérfanos de amor. Ofelia era el corazón amoroso de esos niños. Cuando me hablaba de ellos, su rostro se iluminaba y adquiría una expresión bondadosa y simpática, al punto que su apariencia se tornaba agradable y aun atractiva. Estoy seguro de que esos actos de amor mejoraban la salud de Ofelia y le daban sentido a su vida. También estoy seguro de que si quieres conocer a una persona, no te detengas en su aspecto ni en sus creencias ni escuches sus palabras; solo observa su comportamiento.

"Sin bondad no puede haber felicidad", dijo Thomas Carlyle.

Qué dice la ciencia acerca de la generosidad

Dicen que la bondad es la forma más aguda de la inteligencia. Ahora sabemos fehacientemente, a través de múltiples evidencias empíricas, que la generosidad es una virtud beneficiosa para los otros y para uno mismo, una fuente productora de felicidad. Se pidió a ciertas personas que hicieran cinco actos de servicio por semana durante seis semanas. Todos los domingos por la noche los participantes presentaban un "informe de dadivosidad". Describían actos como: "doné sangre", "visité un hogar de ancianos", "di dinero a un hombre que vivía en la calle", "di las gracias a un profesor por sus esfuerzos de enseñarnos", etc. Al terminar el estudio, los resultados fueron sorprendentes. Se encontró que los participantes que sirvieron a otros experimentaron un aumento significativo de la felicidad. Comentaron que se sintieron más serviciales y útiles, que mejoró su autoestima, percibieron a los demás en forma más benévola, se sintieron mejor y experimentaron menos culpa, malestares o sufrimientos.

También se observó que el realizar acciones en favor de los demás desencadenaba muchas veces una cascada de consecuencias sociales positivas, porque los destinatarios de la amabilidad respondían con reciprocidad. Mucha gente aprecia y agradece la generosidad y hace cosas para recompensar a la persona amable y dadivosa.[1]

Hay otros estudios que han mostrado que quienes dedicaban parte de su tiempo a ayudar a otros con su misma enfermedad, se sentían mejor y tenían mayor sobrevida.[2]

Varios gobiernos europeos dirigieron investigaciones para comprobar si el voluntariado es favorable o no para la salud, tomando en cuenta que había estudios que indicaban que los voluntarios corrían riesgo de vida especialmente en los hospitales. Por ejemplo, el gobierno de los Países Bajos estudió casi 4.000 personas mayores de 16 años que hacían trabajos de voluntariado, y se concentraron en los niveles de felicidad subjetiva de los participantes. Los resultados confirmaron que los voluntarios exhibieron mayores niveles de felicidad que los no voluntarios cuando esa actividad no superaba las cinco horas por semana. Cuando el tiempo de dedicación era mayor, los niveles de felicidad disminuían y el estrés aumentaba.[3] La conclusión: Ayudar a otros nos hace más felices.

Jesús y la generosidad

A pesar del paso de los siglos, la frase de Agustín de Hipona sigue aún vigente: "Busqué a Dios y no lo encontré, busqué a mi hermano y nos encontramos los tres".

Jesús fue el Maestro de la generosidad. Practicaba la forma más profunda de la dadivosidad: no daba cosas, se daba a sí mismo. Durante su ministerio derramó dones y bienes a los extranjeros, a los enfermos, a los niños, a las mujeres y aun a sus enemigos. Toda su vida fue una entrega a la humanidad, hasta su muerte, cuando entregó todo.

El amor de Jesús provenía del Padre, del Dios de la dadivosidad. Él le había dado a su Hijo la misión de entregarse a la humanidad. Por eso Jesús dijo: "Todas las cosas me fueron entregadas por mi Padre; y nadie conoce al Hijo, sino el Padre, ni al Padre conoce alguno, sino el Hijo, y aquel a quien el Hijo lo quiera revelar" (S. Mateo 11:27). Cuando conocemos a Jesús, conocemos al Padre. Y la alegría de dar es la revelación del Hijo en tu corazón.

Esta revelación la tuvo Felipe, que fue uno de los seguidores de Jesús, y aprendió de él cómo usar el don de la generosidad en favor de los demás.

Los evangelios describen al discípulo como una persona sociable, interesada en los otros, que no podía dejar de compartir sus experiencias con sus amigos. Para él lo más importante era la persona humana; le interesaba la gente más que las cosas.

Hay un relato del evangelio de Juan que dibuja a Felipe tal cual era: se trata del episodio cuando se encontró con Jesús y quedó fascinado (ver S. Juan 1:43-46). Felipe no era un intelectual, un teórico o un individuo preocupado por las abstracciones teológicas o filosóficas; era un hombre práctico. Después de escuchar al Nazareno, quedó convencido de que era el enviado de Dios, el mismo Hijo de Dios. Y en ese momento, Jesús le dijo: "Sígueme", y él lo siguió.

Felipe quedó tan entusiasmado con esa revelación que no pudo menos que salir corriendo a decirles a todos que había encontrado al Hijo de Dios. Al primer amigo que quiso contarle fue a Natanael, un joven estudioso, reflexivo, más bien callado y observador. Solo que en su entusiasmo por relatar que había encontrado al Mesías, Felipe cometió el error de mencionar la procedencia de Jesús: "Hemos hallado a aquél de quien escribió Moisés en la ley, así como los profetas: a Jesús, el hijo de José, de Nazaret" (vers. 45). Natanael captó enseguida que había un dato que no encajaba. ¿Cómo, de Nazaret? ¿Qué profecía dice que el Mesías iba a venir de Nazaret? No podía provenir de esa región, en el norte del país, porque siempre estuvo sometida a invasiones extranjeras y la mayoría de la población se había mezclado, y muy difícilmente podría haber una familia que conservara pura la herencia judía.

Ante esa objeción, Felipe simplemente dijo: "Ven y ve" (vers. 46). Para Felipe lo más importante era la experiencia humana, no las sutilezas del razonamiento ni los prejuicios de la cultura. El contacto con los hechos y la comunicación personal es lo que define a una persona, no la teoría. Precisamente, el nombre "Felipe" lo expresa bien: deriva del griego, *Philos-hipos*, que significa "aquel que es amigo de los caballos". Hay también dadivosidad en amar a los animales.

El Maestro conocía a su discípulo, por eso apeló a él cuando necesitó que alguien lo ayudara a alimentar a una multitud: "¿De dónde compraremos pan para que coman estos?" (S. Juan 6:5). Ante la pregunta de Jesús, Felipe hizo un rápido cálculo y respondió: "Doscientos denarios de pan no bastarían para que cada uno de ellos tomase un poco" (vers. 7). Seguramente hubiera querido tener ese dinero para comprar pan para la muchedumbre, pero eso era una fortuna que nadie poseía. Y en aquel día Jesús honró la sensibilidad de Felipe multiplicando los panes y los peces. La generosidad multiplica extraordinariamente lo poco que podamos tener para alimentar al hambriento.

¿Cómo y por qué practicar la generosidad?

La única declaración de Jesús fuera de los evangelios se encuentra en el libro de Los Hechos, escrito por el discípulo Lucas. Dice: "En todo os he enseñado que, trabajando así, se debe ayudar a los necesitados, y recordar las palabras del Señor Jesús, que dijo: Más bienaventurado es dar que recibir" (Hechos 20:35).

¿Qué quiso decir el Maestro de Nazaret cuando dijo que es más feliz el que da que el que recibe?

La generosidad

Dar puede resultar hasta peligroso: Basta que le dé algo a alguien durante un tiempo que cuando deje de hacerlo me convierta en su peor enemigo. Y también sabemos que para deshacerte de una persona nada mejor que prestarle dinero. Dar también puede ser un acto malo, cuando el que da lo hace con doble intención, con egoísmo, procurando un interés personal. Dice la sabiduría popular: "Cuando la limosna es grande, hasta el santo desconfía".

Entonces, ¿cuál es el significado de la sentencia de Jesús?

Toda relación humana implica un dar y recibir. El que da recibe, y el que recibe da. Pero este equilibrio no se da sin esfuerzo y lucha. No hace muchos días, una mujer me decía: "Estoy cansada de dar y nunca recibir nada de mi marido". Pero es posible que el marido no pudiera darle lo que ella necesitaba. Y que además se sintiera cansado de estar en deuda por no poder pagar lo que su esposa requería. Era necesario que esos esposos se comunicaran entre sí, para que, sabiendo cuáles eran sus verdaderas necesidades, pudieran poner en equilibrio la balanza del dar y recibir. Sin este equilibrio, la relación muere.

Pareciera que no podemos dar sin esperar, ni recibir sin sentirnos obligados a dar. Ayer, mientras escribía este capítulo, le pregunté a mi esposa qué era más fácil para ella, dar o recibir:

—Depende —me dijo—. Pero me parece que a veces es más difícil recibir que dar.

—¿Por qué? —le pregunté.

—No es fácil recibir un regalo. Porque ese tomar del otro algo que no merezco me carga con una responsabilidad, diría, con cierta culpa.

Está metida hasta los tuétanos en nosotros la idea del ojo por ojo y diente por diente. Y la aplicamos no solo en las relaciones de justicia sino también en las del amor. Si recibo, debo dar.

Sin embargo, yo conozco a mucha gente que solo le gusta recibir. Que no dan nada. Y cuando dan algo, lo dan escasamente, como escasa y pequeña es su vida. Estas personas egoístas viven vidas estrechas, aunque puedan tener mucho dinero. Yo tenía una tía muy rica que vivía como pobre. Ni siquiera tenía un lavarropas en su casa, y pasaba largas horas del día lavando a mano, "para ahorrar". ¿Qué ahorraba? Nada. Al contrario, perdía su tiempo. Pero la escasez mental no es un acto sino una actitud.

Hay quienes, por otra parte, no les gusta recibir nada, porque luego no quieren dar, y huyen de toda relación que los abra a un mundo más amplio y ponga en riesgo su seguridad, su pequeño universo. Hay matrimonios que solo viven para ellos, ni siquiera para sus hijos. Se regalan solo a sí mismos. Nada nos abre más al mundo y ejercita la abnegación que un hijo, pero esta clase de matrimonio no saben de abnegación. No se abren al mundo, y se consumen en su propio egoísmo. Son como la higuera que Jesús maldijo por no dar fruto (ver S. Mateo 21:19).

Mi suegra era una mujer muy generosa. No hace mucho, una prima de mi esposa le comentaba que cuando niña, escuchaba a sus padres decir que Olga, mi suegra, era la que mejor se había casado. Porque siempre daba buenos regalos. No era que mi suegra fuera más rica que sus hermanas, una de cuyas hijas hacía este comentario, sino que vivía en abundancia de espíritu. Era generosa. En su casa había abundancia de comida para todos. Y como daba en abundancia, era juzgada como si fuera rica. Olga le transmitió el don de regalar a mi esposa (te confieso que a veces me duele que le guste tanto hacer regalos).

Hay pobres que parecen ricos, y ricos que viven como pobres. Porque no es una cuestión de cantidad, sino de calidad humana. En cierta ocasión, Jesús miraba cómo los ricos ofrendaban de su riqueza y vio a una viuda dar solo dos blancas, que equivalía a un cuadrante, una moneda romana de muy poco valor. Luego "llamando a sus discípulos, les dijo: De cierto os digo que esta viuda pobre echó más que todos los que han echado en el arca; porque todos han echado de lo que les sobra; pero ésta, de su pobreza echó todo lo que tenía, todo su sustento" (S. Marcos 12:43, 44).

La viuda del templo era muy pobre, pero Jesús no le dijo:

"guarda esa moneda porque eres pobre", sino que ponderó la generosidad de aquella mujer. Tampoco le reprochó a la mujer que derramó en sus pies "un perfume de gran precio" (S. Mateo 26:7). Jesús no cortó el ciclo de la vida, porque era necesario para el corazón agradecido que aquel esfuerzo diera su fruto.

Pero, ¿cuál es el significado profundo de "más bienaventurado es dar que recibir"?

Jesús no estaba pensando que el que da es más feliz porque guarda la conciencia de que le deban, y el que recibe siempre está en deuda, con culpa. Por otra parte, tampoco dice que es más fácil dar que recibir. Jesús dice que el que da es más bienaventurado. O sea, es más feliz.

No es fácil dar. Hay que esforzarse para dar, hay que regar con perseverancia la planta del amor. Le es más natural al ser humano recibir que dar. Abrirse al otro no surge naturalmente. Si no, mira a tu alrededor. Vivimos rodeados de islas separadas y solitarias. Cada uno mirándose el ombligo. Este es el país de las comunicaciones con más gente incomunicada, necesitada de recibir. Hay en cada pecho un corazón hambriento de amor, afecto y reconocimiento.

La declaración de Jesús tiene tres grandes consecuencias para el espíritu:

* *Dar nos confronta con nuestra propia identidad.* Qué somos. Para qué estamos en este mundo. Cuáles son los frutos de mi vida. La declaración de Jesús me lleva a preguntarme si tengo frutos para dar, y qué clase de árbol soy. Nos insta a pensar en esto. Porque no podemos dar lo que no tenemos. Dijo Jesús con respecto al que no lleva fruto: "Al que tiene, se le dará; y al que no tiene, aun lo que tiene se le quitará" (S. Marcos 4:25). Al mezquino, lo poco o lo mucho que haya abarrotado, la muerte se lo quitará. "¿Qué recompensa dará el hombre por su alma?" (S. Mateo 16.26), si está muerto en vida porque sus aguas no corren, como no corren las aguas del pantano.

Un cuento alemán relata que un rico llegó al cielo y golpeó la puerta. Un ángel lo recibió y le preguntó qué quería. El rico le dijo: "Quiero una habitación con vista a la Tierra, buena comida y con conexión de Internet. El ángel, de no muy buena gana, le concedió los tres pedidos, y le dijo: "Disfruta, volveré en mil años". A los mil años, el ángel volvió, miró por la mirilla de la puerta y vio al caballero rico con cara de aburrido. Cuando abrió la puerta, el hombre le espetó: "¿Esto es el cielo? ¡Es horrible!" "No —le contestó el ángel: "Estás equivocado. Esto es el infierno".

Dar nos libera de nosotros mismos. Es un llamamiento a la libertad. Nos saca de la zona de comodidad y seguridad. Somos esclavos de las cosas. Dar es el mejor ejercicio para sentir el aire fresco de la libertad, que instala la paz y el gozo en el corazón. Esta libertad la sintió Zaqueo —cobrador de impuestos, hombre rico, odiado por los judíos y despreciado por los romanos— cuando nació de nuevo. Dijo: "He aquí, Señor, la mitad de mis bienes doy a los pobres; y si en algo he defraudado a alguno, se lo devuelvo cuadruplicado" (S. Lucas 19:8). Dar está en nuestra naturaleza espiritual recibida de Cristo cuando nacemos de nuevo. Al nacer de nuevo, recibimos la naturaleza de Dios, que es amor, y el Espíritu Santo nos capacita para dar con amor y generosidad.

Dar nos lanza al ciclo de la vida y nos marca el camino por donde debemos andar. Nos hace participar del propósito de la creación. La naturaleza es una sinfonía de dadivosidad. Da el sol su calor y luz, el aire el oxígeno, el agua da vida a la tierra, y la tierra sus frutos. Así es el amor del Creador.

Jesús fue radical con este asunto: Le dijo al joven rico que vendiera todo y que se lo diera a los pobres (ver S. Mateo 19:21). Pero, te confieso, si le propongo esto a mi esposa, me echa de la casa, aunque le guste mucho hacer regalos. Porque es imposible vender todo lo que tengo y dárselo a los pobres. Simplemente se sumaría un pobre más a este mundo, y yo tendría que salir a mendigar. Es tan imposible esto como "perdonar setenta veces siete" (ver S. Mateo 18:21, 22). Si mi vecino choca mi auto 490 veces, por más que yo lo perdone, ya no quedará ni recuerdo del auto. Cuando Jesús dijo "ve y vende todo", "perdona setenta veces siete", nos mostró un horizonte que no debemos jamás perder de vista. El horizonte geográfico nos ubica en el espacio. Pero nunca llegamos al horizonte. Pero si negamos ese horizonte nos perdemos en el camino. De noche no hay camino porque no hay horizonte iluminado por el sol. Cristo es el sol que ilumina nuestro horizonte espiritual.

Cuando damos, adoptamos su carácter, que lo dio todo por ti y por mí. Pensar y dar generosamente dará vida a tus sueños.

Enseñanza bíblica: Jesús y la generosidad
(S. Juan 1:43-46)

Introducción: Cierta vez, el filósofo y escritor Aldous Huxley le dijo a uno de sus asistentes:

—Supongo que usted va a ir a la iglesia. ¿Por qué no se queda en casa y me habla sobre su religión?

—Oh —replicó el otro—, no estoy lo suficientemente capacitado como para responder sus preguntas y argumentos.

Pero Huxley continuó:

—Lo que quiero es que me diga lo que su religión hizo por usted.

Durante toda esa mañana, el cristiano le habló acerca de lo que había experimentado por su fe cristiana. Entonces Huxley dijo:

—Daría mi brazo derecho por creer así.

¿Qué pasó con Felipe, que respondió tan rápidamente a la invitación de Jesús? ¿Cómo se muestra en este texto el poder de la gracia de Dios para producir en nosotros una vida diferente?

En el estudio anterior hablamos de reposar en Dios, y de que su paz es el fruto de una vida transformada.

Estudiemos lo que dice la Biblia acerca de la fe que obra:

¿Cómo podemos vivir la experiencia de fe? *(Romanos 10:17).*

Tener contacto directo con la Biblia (la Palabra escrita de Dios) produce en nosotros una vida de fe y cambios profundos en la conducta.

¿Qué beneficios tenemos cuando vivimos por fe? *(Habacuc 2:4; Romanos 5:1).*

Por la fe alcanzamos la justicia, y justificados por esa fe tenemos paz para con Dios.

¿Qué es la fe? *(Hebreos 11:1).*

La fe es creer en lo que no se ve, pero también es confianza en la persona que conocemos y amamos. Un niño sube confiado a una escalera si sabe que su padre, a quien ama y en quien confía, está debajo para extenderle sus brazos.

¿Qué beneficios trae conocer a Dios? *(S. Juan 17:3).*

Cuando somos justificados por Dios gracias a la fe en Cristo, alcanzamos la eternidad. Dice la Biblia: "Y esta es la vida eterna: que te conozcan a ti"; es decir, conocer a Jesús nos hace justos y nos da la vida eterna.

¿Cómo puedo conocer a Dios? *(S. Juan 14:7-9).*

Conocer a Jesús es conocer a Dios. Porque Jesús vino a mostrarnos cómo es Dios.

La generosidad

¿Cómo conozco a Jesús? *(S. Juan 5:39).*

Jesús es el personaje central de la Biblia, y para conocerlo hay que contemplarlo en su Palabra. Debemos leer diariamente las Escrituras para conocer a Jesús.

¿Cómo se expresa la fe verdadera? ¿Hay relación entre la fe de Felipe y su preocupación por los necesitados? *(Santiago 2:14-26; 1 Tesalonicenses 1:3).*

Como Jesús conocía el corazón de Felipe, apeló a él cuando necesitó que alguien lo ayudara a alimentar a la multitud (S. Juan 6:5). La fe de Felipe se expresó en su vocación por ayudar a los demás. La verdadera fe siempre se manifiesta por "la obra del amor".

Conclusión: Cuando Felipe conoció a Jesús, nació en él la fe que lo habilitó para vivir una vida transformada y generosa. Por eso, luego de experimentar la fe en Jesús, le dijo a su amigo: "Ven y ve"; o sea, pruébalo por ti mismo. Cuando "pruebas" a Jesús, comienzas a vivir una vida de fe y transformación (2 Corintios 3:18). Dijo Agustín de Hipona: "La fe consiste en creer lo que no vemos, y la recompensa es ver lo que creemos".

Llamamiento: ¿Aceptarás la invitación de Dios de buscarlo cada día mediante las Escrituras para vivir una vida de transformación constante?

Resolución: Acepto la gracia de Dios en Cristo que me capacita para estar más cerca de él por medio de su Palabra.

Firma de resolución: _____

EVALUACIÓN DE LA GENEROSIDAD

Nº	PREGUNTAS	SÍ	TAL VEZ	NO
1	¿Les das dinero a los que piden limosna?			
2	¿Trabajarías de voluntario en una ONG?			
3	Si el coche de un vecino no arrancara, ¿te ofrecerías a llevarlo al trabajo?			
4	¿Toleras a los niños ruidosos en tu calle sin protestar?			
5	¿Cederías tu asiento a alguien que lo necesitara?			
6	¿Eres amable con los animales?			
7	¿Crees que los delitos deben castigarse menos severamente?			
8	¿Te ofrecerías de voluntario para hacer visitas a un hospital?			
9	¿Llevarías la compra de alguien al estacionamiento?			
10	Si tu vecino estuviera enfermo, ¿le harías la compra?			
11	¿Das dinero para obras de caridad?			
12	Tras un accidente de tránsito, ¿te ofrecerías a llevar a alguien a su casa?			
13	¿Demuestras compasión hacia los desvalidos?			
14	Si vieras a un niño llorando, ¿procurarías descubrir el motivo?			
15	Si tu amigo estuviera escaso de dinero, ¿le prestarías algo?			
16	¿Ayudarías a alguien que se ha perdido?			
17	¿Eres siempre amable con personas enfermas?			
18	¿Ayudarías a un anciano a cruzar la calle?			
19	¿Ayudarías a un vecino a arreglar su valla?			
20	¿Abres la puerta de tu casa a otras personas?			

Resultados del TEST DE LA GENEROSIDAD

1. Obtén el puntaje de cada pregunta asignándole a la columna SÍ 2 puntos; a TAL VEZ, 1 punto; y a NO, 0 punto.
2. Suma el puntaje de las 20 preguntas.
3. La interpretación está en la tabla siguiente.

Tabla de interpretación

35 a 40 puntos	Muy generoso. ¡Excelente!
25 a 34 puntos	Generoso. Muy bien.
15 a 24 puntos	Poco generoso. Puedes mejorar.
5 a 14 puntos	Muy poco generoso. Aprende la generosidad.
0 a 4 puntos	Nada de generoso. Necesitas ser generoso.

CAPÍTULO 5

La salud

La salud no es todo, pero todo es nada sin salud
—Schopenhauer.

Corría mediados de la década de 1960 cuando Pedro sintió que se le habían dado sus dos pasiones en la vida: Joven, fuerte y apasionado por el mar, logró enrolarse como cocinero de a bordo de una compañía de barcos de pesca. Además se había casado en esos meses con su novia de sonrisa tierna y ojos dulces que le anticipaban el cielo.

Su primer viaje en alta mar pareció darle vida a sus sueños. El horizonte se tornó infinito ante su mirada. Se sentía pleno y feliz. Soñaba con días venturosos que aparecerían con el encanto de esos nuevos puertos que pronto iba a conocer.

Pero la fatiga del tiempo, la rutina, los meses de soledad en el mar, y seguramente sus propios fantasmas que lo visitaban en las noches, convirtieron aquel lugar de trabajo y ventura en una cárcel. Pedro recuerda el día cuando se emborrachó por primera vez en alta mar. Creyó que la bebida podía ayudarlo a escapar, aunque fuera por unas horas, de aquel oscuro claustro líquido. Con el tiempo, casi sin darse cuenta, se convirtió en alcohólico. Bebía cuando estaba abordo para sobrellevar la rutina diaria; y bebía en tierra, como si por ironía de la vida extrañara el movimiento sempiterno de las olas.

La vida le dio hijos, y con ellos la responsabilidad de criarlos. Pero como Pedro llevaba el demonio en su cuerpo, sus jornadas de trabajo terminaban siempre en la cantina. Sus días eran una pesada rutina: Volver tarde a la noche a su casa a masticar su soledad, esperar la "cruda" del día siguiente, para levantarse y caminar cansino a su trabajo. Hasta que un día no pudo trabajar más. Para entonces, Pedro era una piltrafa humana.

Una noche Pedro tuvo un sueño. Los recuerdos de la infancia comenzaron a leudar en su corazón solitario. Había sido criado en una familia adventista que creía en la segunda venida de Cristo. Ese sueño lo desesperó, al punto que le pidió a su esposa que buscara en la comunidad de fe de sus padres algún instructor bíblico para que le enseñara más de la Biblia. Le enviaron un joven instructor, que pronto se cansó de que Pedro lo recibiera borracho en su casa. Y así fue abandonado a su suerte. Es que Pedro era un hombre invisible. Como invisibles son los indigentes, los drogadictos, cualquier alcohólico.

"No me vieron, no me miraron a los ojos jamás, por eso no me reconocieron", dijo hace pocos días Richard Gere, cuando filmaba una película sobre la vida de un vagabundo en las calles de Nueva York. Vestido como un vagabundo, pasó horas sin que nadie lo reconociera. El actor creía que a los cinco minutos de filmación alguien lo identificaría y arruinaría su trabajo. Pero nadie lo miró a los ojos. Es que la gente civilizada no tiene ojos para los que están más allá de su frontera, de su propio espacio. Pero Dios sí tiene ojos. Y oídos. Su promesa es: "Entonces me invocaréis, y vendréis y oraréis a mí, y yo os oiré" (Jeremías 29:12).

Pedro había perdido todo. Se lo veía tirado en las calles; no paraba de beber, y todo lo que ganaba de una pensión que le había dado el gobierno lo gastaba en alcohol. Pero en su noche de angustia, en su noche de Jacob, clamó a Dios y le dijo: "Líbrame. Haz lo que sea para que cambie". Rogó: "No escondas de mí tu rostro en el día de mi angustia; inclina a mí tu oído; apresúrate a responderme" (Salmo 102:2).

Oró toda la noche, hasta que se quedó dormido de rodillas. A los pocos días, Pedro sintió un dolor en la espalda y en el bajo vientre. Fue al hospital, se hizo algunos estudios, y su médico le dijo: "Usted tiene cáncer en la próstata y en los riñones. Y el cáncer es terminal. Le quedan pocos meses de vida".

La primera reacción de Pedro fue: "Gloria a Dios". Sintió que el Señor estaba respondiendo su oración. Lo estaba tirando del ca-

Pedro Díaz y su esposa Doris.

ballo, como lo había hecho con Saulo (ver Hechos 9:1-6). Advirtió que Dios no se había olvidado de él, y que lo estaba tomando de la mano para conducirlo en los días finales de su vida. Y extrañamente, esta convicción le daba poder para dejar la bebida.

Comenzó a asistir a una iglesia adventista, y al cabo de una semana de oración que organizaron los jóvenes bajo el lema "Sanidad para Pedro" —a la que invitó a amigos, familiares y algunos enfermos para que oraran por ellos—, el pastor José María Hage lo bautizó, y el primer anciano de la iglesia, Julio Chazarreta, padre, lo ungió.

Pedro ya se sentía preparado para morir. Y aunque su esposa insistió en que asistiera a una clínica naturista en Chile para que se prolongaran sus días, él se negó. Cuando el pastor y el anciano de la iglesia lo visitaron en su casa y quisieron convencerlo de que fuera a esa clínica, Pedro les dijo: "El tratamiento es caro. No quiero poner más cargas sobre mi familia. ¿Acaso usted, pastor, no me bautizó? ¿Y usted, don Julio, no me ungió? ¿Qué más puedo hacer? Ya mi vida está en las manos del Señor. Yo le he dicho que si puedo serle útil, que me prolongue los días. Y si no, no tengo miedo de morir. Porque sé en quién he creído".

Cuando los dirigentes de la iglesia se fueron de la casa de Pedro, comentaron entre sí: "Pobre Pedro. Se va a morir, pero qué bueno que aceptó a Jesús".

Seis años después, Pedro estaba vivo. Era el director misionero de su nueva iglesia, adonde el joven instructor que años antes había ido a su casa fue invitado a dar un ciclo de evangelización. Aquel joven era Julio Chazarreta, hijo, hoy evangelista de *El Centinela*, nuestra revista misionera en América del Norte. Al final de aquella serie de reuniones, 38 personas fueron bautizadas, sepultadas en la tumba líquida, como testimonio de que Cristo sana el alma y el cuerpo. La mayoría de estas personas conocieron a Cristo por medio de Pedro. Ese fue el mayor bautismo que se realizó en toda la historia de la Iglesia de Mar del Plata, Argentina.

Pasaron ya veinte años de aquel bautismo, y Pedro Díaz sigue vivo, testificando del poder sanador de Cristo.

Qué dice la ciencia acerca de la salud y la felicidad

Hace unos años se realizó un estudio impresionante acerca del poder de la actividad física sobre la salud. Los investigadores de Duke University Medical Center[1] reclutaron a hombres y mujeres de 50 años o más que padecían depresión. Los dividieron en tres grupos, al azar. Al primer grupo le asignaron cuatro meses de ejercicio aeróbico; al segundo, cuatro meses de medicación con antidepresivos; y al tercero, ambas cosas, ejercicio y antidepresivos. El ejercicio físico consistía en tres sesiones semanales de 45 minutos de bicicleta o caminata de intensidad moderada o alta. Los resultados fueron sorprendentes. Al cabo del período de cuatro meses, los tres grupos experimentaron una disminución de la depresión, presentaron menos actitudes disfuncionales, mejoraron en su autoestima e incrementaron los niveles de felicidad. Se comprobó que el ejercicio resultó tan efectivo como el antidepresivo, con la diferencia de que el ejercicio es más barato y no produce efectos secundarios. Pero hay todavía un hecho más llamativo: seis meses después, los participantes que se habían recuperado de la depresión y que pertenecían al primer grupo tuvieron menos recaídas que los integrantes de los otros grupos. Los investigadores dieron al estudio el nombre de *Standard Medical Intervention and Long-term Exercise* (SMILE [sonrisa, en inglés]).

La salud

La actividad física reduce la ansiedad y el estrés, disminuye el riesgo de numerosas enfermedades (diabetes, cáncer de colon, hipertensión), fortalece los huesos, los músculos y las articulaciones, aumenta la calidad de vida, ayuda a dormir mejor y a controlar el peso.[2] Además, las investigaciones han demostrado que el ejercicio físico es la actividad más eficaz para incentivar la felicidad en forma instantánea.[3]

Por contrapartida, también es vital el descanso diario y semanal para la salud. Un estudio reciente señala la importancia de la obediencia al cuarto mandamiento dado en el Antiguo Testamento para la salud física, mental y espiritual. En estudios de campo, el investigador Jerry W. Lee, de la Universidad de Loma Linda, California, señala el vínculo directo entre el sábado, como día de reposo, y la salud física, y una relación indirecta entre la observancia de ese día y un estilo de vida sano. Él apunta a cuatro factores que coadyuvan a la salud total: Descansar el sábado incrementa la capacidad para enfrentar el estrés, favorece la contención emocional y espiritual por parte de la comunidad eclesiástica, y desarrolla las condiciones sociales para vivir un estilo de vida "adventista": alimentación sana, ejercicio físico y abstención del tabaco, el alcohol y las drogas.[4]

Por otra parte, un estudio interesante realizado por Jama L. White, Amanda M. Blackburn y Mary K. Plisco, de la Universidad de Richmond, Virginia, señala más específicamente la importancia del descanso sabático para la salud física y mental en una sociedad de consumo, cuya ley suprema es la productividad. Lo interesante de este estudio fue relevar el olvido de la sociedad capitalista del descanso semanal, aun del domingo, y demostrar científicamente el poder del sábado para el desarrollo de la capacidad para afrontar las adversidades y las pruebas de la vida. Esto solo es posible si el sábado se convierte en un día de "introspección y santificación"; es decir, de separación para un encuentro profundo con uno mismo y con Dios, no en un simple día de ocio.[5]

Jesús y la salud

En el capítulo 5 del Evangelio de San Juan se narra la visita de Jesús a un hospital al aire libre de Jerusalén. Era sábado (vers. 16). Y este no es un dato menor.

El Médico divino recorre esos pasillos habitados por el sufrimiento, para finalmente detenerse ante la cama de uno de los pacientes más antiguos del establecimiento. Un caso de 38 años de enfermedad y de tratamientos inocuos. Una historia clínica voluminosa de fracasos. Un caso crónico sin ninguna perspectiva de curación. ¿Por qué Jesús no pensó en un paciente agudo? Son los que mejor responden a curaciones rápidas, los que dan mayor satisfacción al médico, donde hay mejores posibilidades de éxito. Pero Jesús optó por un paciente crónico. Generalmente las sociedades médicas no quieren gastar dinero en los crónicos. ¿Para qué perder tiempo y recursos en lo que no tiene solución? Sin embargo, Jesús no pensó así. No cerró la puerta de la esperanza a un desahuciado.

Pero lo más llamativo fue la acción sanadora de Jesús. Realizó tres prescripciones específicas de alto valor curativo, como si fueran tres cápsulas de medicinas poderosas. La primera es una pregunta, la segunda una orden, y la tercera una advertencia. .

La pregunta: "¿Quieres ser sano?" (vers. 6). Es una pregunta extraña para un enfermo crónico de 38 años de padecimientos. Casi parece ridículo y hasta podría interpretarse como una burla. Sin embargo, ¡cuánta sabiduría hay en esa pregunta! Se necesitan muchos años de experiencia clínica para saber que muchos enfermos crónicos, en lo profundo de su ser, no quieren curarse. De alguna manera llegan a sentirse cómodos con la enfermedad y quizás experimenten algunos beneficios por estar discapacitados. No necesitan trabajar, hay quienes los atienden, la gente los trata con benevolencia y les dan la preferencia en todo. Muchos pacientes se quejan de sus síntomas, pero no se esfuerzan en cumplir con el tratamiento. Muchos alcohólicos y drogadictos no están dispuestos a cambiar, a abandonar la enfermedad. No quieren ser curados.

El primer paso para curarse es desear fervientemente estar

sano, dejar los "beneficios" que pueda proporcionar la enferme-dad. Si uno no está decidido a curarse, no se podrá dar el segundo paso, e indefectiblemente continuarán los sufrimientos por el res-to de la vida.

La orden: "Levántate, toma tu lecho, y anda" (vers. 8). Es la prescripción de hacer el esfuerzo, abandonar la postración, asumir la postura normal, haciéndose responsable de la vida de ahí en ade-lante. El mandato fue de no detenerse, de continuar la marcha de progresos continuos, de no claudicar ni abandonar la lucha. Es evi-dente que Jesús vio la disposición en ese paciente crónico de asu-mir una nueva vida. Cuando Jesús lo ayudó a dar el primer paso, el paralítico respondió: "Señor, no tengo quien me meta en el estan-que cuando se agita el agua; y entre tanto que yo voy, otro descien-de antes que yo" (vers. 7). Respondió desde su frustración e impo-sibilidad, pero de alguna manera se encendió en él la luz de la esperanza y el deseo de cambio. Por eso Jesús dio la orden.

El segundo paso no es solo desear, sino poner en marcha las fuer-zas de la voluntad para tener un estilo de vida que favorezca la salud.

La advertencia: "Mira, has sido sanado; no peques más, para que no te venga alguna cosa peor" (vers. 14). No es suficiente tener el deseo de cambiar y de poner en funcionamiento las fuerzas vita-les; hay que vivir de tal manera que eso impida recaer en el mal. Es claro que la salud está ligada a la salvación, al bienestar y la felicidad del espíritu. De ahí proviene el poder de la voluntad. El paralítico había sido víctima de su intemperancia y de un estilo de vida auto-destructivo. No había aprendido ni respetado las leyes de la salud. Ahora, después de 38 años de sufrir sus males, había llegado la hora de reconocer y aceptar una vida en armonía con las leyes de la salud que Dios ha dispuesto para nuestra felicidad.

Cuando se activa el poder de la voluntad, la gracia divina inter-viene para lograr el milagro.

Cómo alcanzar la salud plena

La palabra salud viene del latín *salus*, que también significa salvación. Hay una expresión muy significativa en nuestra lengua castellana: sano y salvo. "Llegamos sanos y salvos", solemos decir. Parecería que ambas palabras tienen significados distintos, pero en realidad son dos términos hermanos de una misma familia: bienestar o felicidad. Ambas palabras tienen la misma raíz: *salvus*. Salud, *salus*, es la cualidad del *salvus*, entero e intacto. De ahí el verbo *salvere*: sentirse bien; y el verbo *salvare*: salvar; y el sustantivo *salvatore*: salvador.

Tanto en hebreo como en griego (*soterios*) existe la misma relación entre ambas palabras. Salud es sinónimo de salvación. No parece claro que salud y salvación sean términos intercambiables, cuando a diario vemos creyentes que aceptaron la salvación pero viven enfermos, o, por contrapartida, personas sin fe que gozan de buena salud. "Yerba mala nunca muere", solemos decir. No siempre la persona que invoca a Dios por sanidad es sanada, y muy a menudo quienes no creen en Dios y aun maltratan su cuerpo viven más de la cuenta. Pero no podemos olvidar que la salud también tiene que ver con condiciones heredadas y factores genéticos. Y nosotros podemos hacer mucho para prevenir la enfermedad y aun contrarrestar los efectos negativos de la herencia en nuestro organismo.

Los principios de salud de Dios son sencillos y naturales. Si los obedecemos, podemos agregar vida a los años y años a la vida. Mediante la fe, lo sobrenatural actúa en lo natural. Con la salvación, Dios nos da salud.

No nos resulta fácil entender que salud y salvación son la misma cosa porque en nuestra mente separamos el orden natural del sobrenatural. Pensamos en la salud como un asunto del cuerpo y de la mente, que tiene que ver más bien con medicamentos, médicos y hospitales. Y asociamos la salvación con la vida eterna que se nos promete a los creyentes al final de la vida. Pero no es así, el poder sobrenatural de Dios se expresa tanto en la historia de los hombres como en la naturaleza. Silenciosa pero eficazmente, Dios actúa dándonos salud cada día. Y aun más, reconstituyendo nuestro cuerpo a pesar del daño que le inflijamos. El Creador es también el sustentador del universo. Formamos parte de ese universo.

La mayoría de los fieles de la iglesia de Pedro Díaz no vieron la acción silenciosa pero efectiva de Dios en la vida de aquel hombre antes de que se produjera el milagro de su sanidad. A causa de que no vieron esa acción sobrenatural en la naturaleza de Pedro, no creyeron en sus palabras. Pero, ¿sabes una cosa? Tú y yo somos naturaleza pura. Vivimos en y con la naturaleza. Nunca separados de ella. Porque la estrella, el animal, el árbol, tú y yo somos creación de Dios. Y el mismo poder de Dios que actúa redimiendo la contaminación que el hombre obstinado produce en la naturaleza, también puede actuar en tu vida, silenciosa y efectivamente, para darte salud y salvación plena. Así como a Pedro.

La obra de la redención es una obra silenciosa y poderosa que tiene como propósito final la salud de toda la creación, afectada por la entrada del mal. Dice Pablo "que toda la creación gime" por salud (Romanos 8:22). Y la promesa son cielos y tierra nueva saludables.

En el Antiguo Testamento, la salvación se describe frecuentemente como el espacio que Dios crea para que florezca la vida. La tierra fértil es dada como un acto salvífico de Dios para el bienestar de su pueblo. La salud también ocurre cuando Dios libera a su pueblo de los enemigos (ver Éxodo 14:13, 14, 30).

En el Nuevo Testamento, Jesús libera a la gente de los males físicos y espirituales y la restaura a la comunidad. La sanidad es un acto de salvación, una prueba más de la realidad del reino de Dios. Cuando Cristo irrumpe en nuestra vida, cuando la Palabra de Dios viva está en medio de nosotros, los enfermos sanan, las personas no mueren jóvenes por enfermedades prevenibles y los ancianos viven saludables durante mucho tiempo. La salvación y la salud van de la mano. Ambos términos pertenecen al mismo deseo de Dios: "Amado, yo deseo que tú seas prosperado en todas las cosas, y que tengas salud, así como prospera tu alma" (3 Juan 2).

Finalmente, lo más importante: Jesús hizo el milagro de sanar al paralítico en sábado. Porque él es "el Señor del [sábado]" (S. Mateo

12:8). Y nos invita a su reposo, que no es otra cosa que aceptar su salvación para alcanzar salud plena: "Venid a mí todos los que estáis trabajados y cargados, y yo os haré descansar (S. Mateo 11:28).

Así, Jesús convirtió el sábado en un día de salud y salvación. La ciencia confirma el valor del sábado para la salud física, mental y espiritual. Y porque "el mandamiento es santo, justo y bueno" (Romanos 7:12), el Señor nos dice: "Acuérdate del día de reposo para santificarlo" (Éxodo 20:8). "Procuremos, pues, entrar en aquel reposo [el sábado de Cristo], para que ninguno caiga en semejante ejemplo de desobediencia" (Hebreos 4:11).

Solo así podrás darle vida a tus sueños.

Enseñanza bíblica: Jesús y la salud *(S. Juan 5:1-9)*

Introducción: Hipócrates, médico griego considerado el padre de la medicina, dijo una frase que ha permanecido a través del tiempo: "Que tu medicina sea tu alimento, y el alimento tu medicina".

En el estanque de Betesda, Jesús decidió sanar a un enfermo crónico que estaba desahuciado. Esto nos demuestra que Jesús es capaz de hacer grandes milagros. Y que busca al desahuciado. ¿Pero el poder sanador de Jesús solo se ve cuando estamos enfermos? ¿Nos da la Palabra de Dios consejos para prevenir la enfermedad y mantenernos sanos?

Estudiemos lo que dice la Biblia acerca de la salud:

¿Dice la Biblia que Dios está preocupado por nuestra salud? *(3 Juan 2).*

La Biblia dice que Dios está interesado en nuestro bienestar físico, emocional y espiritual. Por lo tanto, no sería necesario enfermarnos para que él venga en nuestra ayuda. Como Dios está preocupado por nuestra salud, él nos da consejos para prevenir la enfermedad.

¿Qué relación hay entre la salud física y la salud espiritual?
(1Corintios 6:19, 20).

Puesto que somos templos del Espíritu Santo, el cuidado de nuestro cuerpo glorifica al Creador. Glorificamos a Dios porque somos conscientes de que la vida y la salud son un don de Dios. Esto no significa que la enfermedad es una señal de que Dios haya quitado ese don. Al contrario, el cuidado de nuestra salud significa que no despreciamos ese don.

¿Qué relación hay entre la salud, la alimentación y la vida espiritual? *(1 Corintios 10:31).*

Todas nuestras acciones tienen consecuencias. Si vivimos con Dios, para él vivimos y a él glorificamos. Lo que comemos y bebemos, y todo nuestro estilo de vida, expresan cuánto valoramos al que nos concedió el don de la vida.

¿Qué consejos nos da Dios acerca de ciertos alimentos?
(Levítico 11:3-20).

No caigamos en el error de pensar que la salvación depende del hecho de consumir tal o cual alimento. Ya vimos que la salvación viene de Cristo. Pero una vez salvos, cuidamos nuestro cuerpo como expresión de gratitud a quien nos creó y nos redimió en Jesús. Este es el principio de la felicidad. Sin salud no somos felices ni estamos plenos.

¿Qué nos aconseja el Señor acerca de las bebidas alcohólicas? *(Proverbios 23:31-34).*

El Señor nos aconseja evitar el alcohol para no caer en la embriaguez, que nos conduce a la ruina. Una vida sobria es lo mejor para la salud del cuerpo y el alma. Y para ser felices.

¿Cómo nos ayuda Dios a obedecer sus consejos? *(Ezequiel 36:27).*

El secreto para vivir sobria y temperantemente se encuentra en la gracia del Espíritu de Dios. Su gracia nos da el poder para adquirir hábitos de vida sana.

¿Mediante qué Persona Jesús nos ayuda en nuestra lucha por un estilo de vida sana? *(Gálatas 5:22, 23).*

La tercera persona de la divinidad, el Espíritu Santo, nos capacita para tener dominio propio sobre nuestros hábitos de vida.

Conclusión: Jesús sanó al paralítico porque anhela que la humanidad tenga salud plena. Por eso nos da consejos para mantenernos sanos. Pero, por otra parte, si por alguna razón nos enfermamos, Jesús es el Médico divino. Podemos acudir a él en busca de aliento y sabiduría para enfrentar la adversidad. Bernard Le Bouvier de Fontenelle dijo: "La salud es la unidad que da valor a todos los ceros de la vida".

Llamamiento: ¿Aceptarás la gracia de Jesús para que, mediante el poder del Espíritu Santo, vivas saludablemente?

Resolución: Acepto la gracia de Jesús y deseo vivir un estilo de vida saludable mediante el poder del Espíritu Santo.

Firma de resolución: _____

EVALUACIÓN DE LA SALUD

Toma dos minutos para evaluar si estás haciendo las cosas bien para cuidar el cuerpo y la salud. Repasa algunos hábitos cotidianos. Responde con honestidad y descubre cuán sano es tu estilo de vida. Los resultados pueden ayudar a seguir así o a impulsar cambios cuanto antes.

N°	PREGUNTAS	A	B	C
1	¿Te sientes conectado con tu cuerpo?	sí	a veces	no
2	¿Realizas al menos un examen médico de control por año?	sí	a veces	no
3	¿Realizas alguna actividad que te distienda y relaje?	sí	a veces	no
4	¿Logras conciliar y mantener el sueño normalmente?	sí	a veces	no
5	¿Estás en contacto con el aire libre?	sí	a veces	no
6	¿Fumas?	no	poco	bastante
7	¿Bebes alcohol?	no	poco	bastante
8	¿Comes algo entre las comidas?	no	poco	bastante
9	¿Trabajas o vives entre humo de cigarrillo?	no	a veces	sí
10	¿Te preocupas por llevar un plan de alimentación sano?	sí, lo hago	sí, pero no	no
11	¿Consumes comidas y golosinas fritas?	no	2-3/ semana	mucha
12	¿Con cuánta frecuencia realizas actividad física?	2 o más veces/ semana	1 vez/ semana	no con frecuencia
13	En la semana, ¿cuántas cuadras sueles caminar por día?	15 o más	5-15	menos de 5
14	¿Cómo evalúas tu vida afectiva?	positiva	aceptable	negativa
15	¿Cómo evalúas tu rutina laboral?	manejable	intensa	estresante

Resultados de la EVALUACIÓN DE LA SALUD

1. Suma puntos por cada respuesta: A=10; B=5; C=0.

INTERPRETACIÓN

100 a 150 puntos: Calidad de vida saludable. Conserva tus hábitos. A medida que pasan los años, adaptar los cuidados e intensificarlos.

50 a 95 puntos: Un estilo de vida saludable, pero hace falta mejorar algunas áreas para alcanzar el estado ideal. Identifica las debilidades, reviértelas, adoptando las sugerencias que ayudan a cuidar la salud.

Menos de 50 puntos: No estás preservando la salud como deberías si tu objetivo es vivir muchos años y vivirlos bien. Tienes que convencerte de la necesidad de un cambio. Consulta a un médico. Necesitas conocer tu estado físico y establecer un plan de vida saludable cuanto antes.

CAPÍTULO 6

La sabiduría

"También nos alegramos al enfrentar pruebas y dificultades porque sabemos que nos ayudan a desarrollar resistencia. Y la resistencia desarrolla firmeza de carácter, y el carácter fortalece nuestra esperanza segura de salvación. Y esa esperanza no acabará en desilusión. Pues sabemos con cuánta ternura nos ama Dios, porque nos ha dado el Espíritu Santo para llenar nuestro corazón con su amor" (Romanos 5:3-5; versión NTV).

Fortunato y Miguel, dos niños montañeses, hermanos insepara-bles, en época de vacaciones escolares ayudaban a sus padres en las labores del campo. Había llegado el tiempo de la cosecha en otro Estado de México, y el padre emigró en la búsqueda del sustento para su familia. Tardaría unas semanas en volver a su casa. Mientras tanto, su esposa y sus hijos no se quedaron con los brazos cruzados y también salieron a buscar trabajo en un pueblo vecino.

Fortunato y Miguel, junto con su madre y su hermanita Aurelia, cargaron su ropa y algunos víveres. Lo primero que hicieron cuando llegaron al pueblo fue buscar alojamiento. No encontraron un lugar donde posar sus cabezas. Había tanta gente que las viviendas eran insuficientes. La cosecha estaba por comenzar y todos querían trabajar. En medio de la incertidumbre, a Fortunato se le ocurrió una idea: "Vayamos a una cueva que conozco al pie del cerro".

Llegaron al lugar, y con corazones agitados revisaron cada rincón. La cueva estaba vacía. Hicieron una rápida limpieza, juntaron leña y encendieron un fuego. Pronto llegó la noche y, arrullados por el rumor del arroyuelo, se durmieron.

Al amanecer se fueron a trabajar. Pero a la mitad de la mañana, el cielo se cubrió de gruesos nubarrones, los truenos bramaron y un fuerte aguacero los hizo volver presurosos. Cayó la noche, y aún seguía lloviendo. El arroyo arrastraba troncos y animales pequeños. Pero no había motivos de preocupación: la cueva era calentita y las frazadas, una sobre la otra, formaban un colchón mullido.

Dormían plácidamente, hasta que un ruido ensordecedor hizo vibrar las paredes de la cueva. Se despertaron agitados. ¿Qué podría haber sido aquel ruido? No era un trueno. Era el rugido de una fiera. Un relámpago iluminó la figura de un oso erguido en la puerta de la cueva, que se mostraba ante los ojos aterrados de los cuatro indefensos como si fuera de día.

Entonces la madre encendió rápidamente una antorcha que improvisó con un tizón cubierto de trapos y se puso delante de sus hijos. Fortunato hizo lo mismo, y se plantó entre el oso y su madre. Miguel lo siguió. El oso, parado sobre sus patas traseras, rugía y amenazaba con entrar en la cueva —era su derecho, porque era su guarida—, pero el calor de la lumbre se lo impedía.

Los tres luchaban contra el oso, con el deseo de vivir como única arma. Aurelia lloraba en el fondo de la cueva. Sabían que no podrían impedir durante mucho tiempo más que la bestia entrara en la cueva. La leña era tan poca que no alcanzaría para toda la noche. Fortunato se turnaba con su madre para mantener la flama en alto, y Miguel mantenía la fogata encendida. Cada vez que la flama palidecía, el oso daba un paso al frente. Cuando el último tizón se extinguía, el sol comenzó a brillar, y el oso se fue. Todos cayeron de rodillas, y aún con la tea en alto agradecieron a Dios por haberles conservado la vida.

Aquella lucha fue una metáfora de sus vidas: No bajaron los brazos y mantuvieron siempre en alto el fuego encendido. Después de aquella experiencia, Fortunato y Miguel vivieron el resto de sus vidas como resucitados, pues cada momento de prueba superado guarda un poder secreto que ilumina y da fuerzas a la vida. La lucha con aquel oso les enseñó a los hermanos Herrera que jamás debían rendirse ante las adversidades.

Cuando la juventud expandió sus horizontes, Fortunato y Miguel decidieron emigrar de Durango, en el norte de México, a los Estados Unidos.

En su tierra, Fortunato había aprendido el oficio de su padre, que hacía aparejos para monturas, alforjas de piel, cubiertas para machetes, fundas para rifles y pistolas, y carrilleras. También manejaba un camión como vendedor ambulante.

Ambos hermanos llegaron a California a mediados de la década de 1960. Pero inmediatamente se separaron. En 1968, Fortunato vivía en Yerington, Nevada, y realizaba labores agrícolas entre los canales de irrigación. Miguel se quedó en California, y cuando intentó reunirse con su hermano, la "migra" lo deportó. Pero apenas había cruzado la frontera en San Luis Río Colorado, México, se dio media vuelta y regresó a los Estados Unidos para no irse nunca más.

Hubo un hecho que abriría un nuevo capítulo en la vida de los hermanos Herrera. En 1984, Miguel le vendió a Fortunato su camión. Ese día, Fortunato tocó el cielo con las manos: volvía a la pasión de su juventud. Tal fue el entusiasmo, que le propuso a su hermano Miguel formar una compañía de camiones. Para eso debían endeudarse y prometerse mutuamente trabajar juntos sin desmayar. En 1985, fundaron Herrera Brothers, Inc.

Pero la adversidad no discrimina. A causa de la depresión financiera de los Estados Unidos, en 2008 cayeron en bancarrota. Se quedaron en la calle. Pero no bajaron los brazos. Establecieron un taller mecánico en Payette, Idaho, y a fines de ese mismo año Fortunato volvió a manejar un camión. Miguel tuvo que esperar un año más. Desde entonces su empresa no ha parado de crecer, y ya cuenta con varios camiones, remolques y choferes que se ganan la vida transportando víveres por las rutas del país.

Mientras escribo estas líneas en la hermosa casa de campo de Miguel, rodeada de sembradíos de trigo y de maíz, al sur de Idaho, a la vera del río Payette, le pregunto cuál fue su secreto para enfrentar con éxito la adversidad.

—Conozco gente que ha pasado por cosas mucho más duras en

la vida para alcanzar sus sueños. Ellos sí son campeones. Lo nuestro ha sido como un viaje más cómodo. Pero puedo decir que he aprendido algunas cosas. Por ejemplo, que los fracasos enseñan más que los éxitos. Nadie aprende en el placer sino en el dolor. Nunca dejamos de aprender, porque la vida jamás dejará de enseñarnos. En los momentos de crisis aprendemos el valor de las cosas y de los amigos. Cuando estás arriba, tus amigos saben quién eres. Cuando estás abajo, recién entonces tú sabes realmente quiénes son tus amigos.

—Luego de la crisis financiera de 2008, ¿qué aprendió?

—Muchas cosas. Por ejemplo: no ahorrar de lo que me sobra luego de gastar, sino gastar lo que queda después de ahorrar. No meterse en lo que uno no sabe. Por ejemplo, no apostar a la compra de acciones, porque siempre el que gana es el que administra tu dinero, no tú. Hay que poner el esfuerzo en el trabajo duro, no en la especulación. Y debemos ser honestos en los negocios. Es bueno también procurar varias fuentes de ingreso, para no depender de una sola entrada. Y si te caes, siempre hay tiempo para levantarte. Por otra parte, no es bueno asumir muchos riesgos. El dicho popular reza: "No midas con los dos pies cuán hondo es el río".

—¿Cuál fue su fuente de poder en medio del fracaso?

—La fe y la esperanza en Cristo.

—¿Y su mayor satisfacción?

—Saber que Dios cumple sus promesas. En crisis, la vida me enseñó que puede despojarme de todo en cualquier momento, y yo aprendí que podemos adelantarnos a la vida ayudando a otros. Cuando estuvimos quebrados, jamás dejamos de dar las ofrendas y los diezmos a la iglesia. Aunque parezca contradictorio, ese acto de desprendimiento nos hizo menos pobres, porque nos dio más energía para encarar el futuro. Devolver a Dios lo que le corresponde y ayudar a otros en necesidad son dos caras de la misma moneda. A Dios le pertenece el mundo y todo lo que hay en él. Nos dio la facultad y el dominio sobre todas las cosas, y solo nos pide la devolución del diez por ciento de toda su riqueza. Cuanto más desprendidos fuimos, mejor nos fue. Esta es la pro-

Los hermanos Herrera: Fortunato y Miguel

mesa de Dios: "Traed todos los diezmos al alfolí y haya alimento en mi casa; y probadme ahora en esto, dice Jehová de los ejércitos, si no os abriré las ventanas de los cielos, y derramaré sobre vosotros bendición hasta que sobreabunde" (Malaquías 3:10).

Mientras tanto, Fortunato, sentado a mi lado en el sillón, escuchaba atento a su hermano. Cuando le pregunté si quería agregar alguna cosa más a su historia, me habló de su conversión:

—Yo conocí a Cristo en la década de 1970, mediante los mensajes del pastor George Vandeman, orador del programa *It is Written* [Está Escrito]. Cuando en aquel tiempo mi hermano me visitó en Nevada, me sorprendió que él no trabajara los sábados. Cuando le pregunté por qué guardaba el séptimo día de la semana, Miguel me habló del cuarto mandamiento. Yo no lo conocía. Luego de estudiar la Biblia, mi esposa Lucía y yo aceptamos el evangelio de la gracia de Cristo que se expresa en los Diez Mandamientos. El descanso semanal fue uno de los grandes secretos para enfrentar las pruebas de la vida. Saber que cada semana hay un día de reposo es algo reconfortante para el cuerpo y el alma.

A pesar de las adversidades, los hermanos Herrera no bajaron los brazos. Como no lo hicieron frente al oso cuando tenían cinco y seis años. Esa vez alzaron la antorcha de fuego, pero durante la crisis financiera alzaron la antorcha de la Palabra de Dios, la que ilumina el sendero del creyente, como dice el salmista: "Lámpara es a mis pies tu palabra, y lumbrera a mi camino" (Salmo 119:105). Se aferraron de la Palabra y mantuvieron su fe intacta. Porque no hay verdad fuera de la Biblia. Este libro es divino y humano, como lo es Cristo. Los santos hombres de Dios lo escribieron bajo la inspiración del Espíritu Santo (ver 1 Timoteo 3:16; 2 Pedro 1:21).

Toda la doctrina cristiana se encuentra en la Biblia, y toda la sabiduría para aprender a vivir emana de este libro. Toda la historia humana cobra sentido a la luz de la historia de la salvación registrada en la Escritura. En ella se conoce a Dios y se comprende su plan redentor. Sus 66 libros nos hablan del amor y la justicia de Dios, de Cristo y de su gracia, del poder santificador del Espíritu Santo. El lector de la Biblia se hace sabio, el que practica sus enseñanzas se santifica, y el que las comparte es feliz. Los hermanos Herrera representan el sueño cumplido de millones de inmigrantes que con esfuerzo y sacrificio han hecho grande este país. Lo recorren trabajando, y descansan los sábados. Han comprobado que el trabajo honesto y la buena administración tienen recompensa, y que la fe en Cristo tiene una retribución mucho mayor: la vida eterna.

Lo que dice la ciencia acerca de cómo enfrentar las adversidades

En un estudio basado en mujeres con cáncer grave, se descubrió que las pacientes que buscaron el apoyo de familiares y amigos como estrategia para afrontar la adversidad, tenían un mejor sistema de defensa y lograban una supervivencia mucho mayor que quienes se resignaban y se deprimían.[1]

Es difícil encontrarle un sentido bueno a un evento traumático, como una enfermedad grave, la muerte de un familiar o padecer un robo violento. Sin embargo, se ha encontrado que los que habían perdido a un ser querido y dijeron que le habían encontrado algún sentido a su pérdida, mostraban un año después menos depresión y menos síntomas de estrés postraumático. Alguien que participó en un estudio y comentó "creo que la enfermedad de mi padre era algo que tenía que pasar y formaba parte del plan divino", superó más rápido el evento que los que consideraban toda pérdida como algo ilógico y arbitrario.[2]

La depresión no ayuda a enfrentar la adversidad, pero la fe sí ayuda a superar los momentos deprimentes de la vida. En este sentido, un estudio reciente elaborado por el *London School of Economics and Political Science* del Reino Unido, informó que "la participación en actividades religiosas se relaciona con una disminución de los síntomas de depresión hasta cuatro años después". Concretamente, la investigación fue realizada en 9.068 personas de más de 50 años de edad, provenientes de Austria, Bélgica, Dinamarca, Francia, Alemania, Italia, España, Suecia, Suiza y los Países Bajos. Encontraron que los que participaban en organizaciones religiosas tenían mejor salud mental que quienes realizaban actividades deportivas, o asistían a clubes sociales o se dedicaban a la política (eran los que más se estresaban y deprimían). Los que dedicaban un día a adorar a Dios tuvieron mejores resultados a largo plazo.

Según el epidemiólogo Mauricio Avendaño, uno de los autores del estudio, "la iglesia parece jugar un papel muy importante para mantener a raya la depresión, y la fe es el mejor mecanismo de defensa en períodos de enfermedad". Concluyó que "la religión influye en el modo de vida, en los lazos sociales que se crean —que previenen la soledad—, y genera mecanismos de defensa contra el estrés".[3]

Jesús y la adversidad

En Mateo 6:25 al 34, encontramos lo que podríamos llamar "una lista de recursos para afrontar la adversidad". Esos textos prescriben la receta práctica de Jesús para enfrentar el estrés y la ansiedad propios de los problemas comunes de la gente. Son cinco prescripciones básicas:

1. *Ocuparse, no preocuparse.* Es un llamamiento a no dejarnos dominar por la ansiedad, para ocuparnos del problema real.

2. *Cambiar el sentido de la mirada.* Observa "las aves del cielo y los lirios del campo", pregona el Maestro (vers. 26, 28). Esto significa: deja de mirar hacia ti mismo, de victimizarte por los males que te ocurren. La autoconmiseración nos debilita.

3. *Tener fe.* Es el desafío de aprender a depositar los problemas en Dios luego de haber hecho todo lo posible por solucionarlos.

4. *Definir las prioridades.* Ordena tu tabla de valores. Lo más importante va en primer lugar: "Buscad primeramente el reino de Dios y su justicia", y las demás cosas vendrán por añadidura (vers. 33).

5. *Vivir cada día a la vez.* "Basta a cada día su propio mal" (vers. 34). No sobrecarguemos el presente con las preocupaciones del mañana.

Estos principios de sabiduría son importantes para enfrentar las adversidades del diario vivir, cualquiera sea el grado de dificultad que nos depare la vida. Sin embargo, pareciera que la vida no tiene recursos para enfrentar la mayor de las adversidades de la existencia: la muerte. ¿Qué otra adversidad es más poderosa que la misma muerte, ya sea la de un ser amado o la propia?

Jesús también tiene una respuesta para la muerte. Vayamos al cuarto Evangelio. El evangelio de Juan es el libro de las señales (del griego *símata*). Dice el apóstol: "Hizo además Jesús muchas otras señales en presencia de sus discípulos, las cuales no están escritas en este libro. Pero éstas se han escrito para que creáis que Jesús es el Cristo, el Hijo de Dios, y para que creyendo, tengáis vida en su nombre" (S. Juan 20:30, 31). Es decir, para que creyendo en Jesús, enfrentemos y venzamos la muerte.

¿Cuáles son las señales que Juan describió? Son siete:

1. Jesús convierte el agua en vino (2:1-12).
2. Jesús sana al hijo de un oficial del rey (4:46-54).
3. Jesús sana al paralítico de Betesda (5:1-18).
4. Jesús da de comer a una multitud (6:1-15).
5. Jesús camina sobre el mar (6:16-21).
6. Jesús da la vista a un ciego de nacimiento (9:1-34).
7. Jesús resucita a Lázaro (11:1-34).

La primera señal es clave para explicar las demás señales. La transformación del agua en vino encierra una enseñanza esencial para la salvación. El agua representa lo natural y corriente, en tanto el jugo de la vid es símbolo de la sangre de Cristo, de su muerte y salvación (1 Corintios 11:25, 26).

Para ser salvo es necesario que exista una transformación, que la vida natural se convierta en vida espiritual, que sufra un proceso de cambio como ocurrió con el agua. Esa transformación es posible gracias a la fe. Esto fue lo que Jesús le dijo indirectamente al oficial del rey que fue a pedirle que curara a su hijo moribundo. Le reprochó: "Si no viereis señales y prodigios, no creeréis" (S. Juan 4:48). El oficial buscaba un milagro para creer, y Jesús le hizo entender que primero debía ejercer fe. Tal actitud hizo posible la salvación del hijo. Como vimos en el capítulo anterior, el paralítico de Betesda debió ejercer fe para levantarse y caminar. La fe transforma y multiplica, como los panes y los peces que alimentaron a la multitud. "Al que cree todo le es posible" (S. Marcos 9:23).

Pero, ¿cuál es el significado de la última y decisiva señal de Jesucristo? Es la que completa la perfección de las señales, el milagro superlativo de Jesús, que permite creer en su nombre y alcanzar la vida eterna. De allí su importancia.

En el capítulo 11 de San Juan leemos que había en Betania un joven llamado Lázaro, que tenía dos hermanas, María y Marta. María era la misma que había lavado los pies de Jesús con perfume en la casa de Simón (vers. 2). La narración del Evangelio podría sugerir la idea de que ambas hermanas eran mayores, y que cumplían el rol de madre respecto a su hermano menor. Por ese motivo no se menciona a Lázaro cuando Jesús estuvo en la casa de la familia. Solo sabemos de este muchacho en ocasión de su enfermedad por la angustia que provocó en sus hermanas. Cuando eso ocurrió, Jesús esperó que falleciera y transcurrieran cuatro días para llegar a visitarlas. Jesús lo planificó de esa manera "para la gloria de Dios, para que el Hijo de Dios sea glorificado por ella" (vers. 4). Fue para demostrar en forma innegable a todos que él es "la resurrección y la vida"; y el que creyere en él, "aunque esté muerto, vivirá" (vers. 25).

La narración de la resurrección de Lázaro constituye uno de los eventos más impactantes y emotivos de la Biblia. Jesús llegó en pleno duelo. Una atmósfera de recogimiento y pesar dominaba el ambiente. Un grupo de amigos y familiares rodeaban y consolaban a las hermanas. La llegada de Jesús y sus discípulos produjo cierta expectación. Al hablar con Marta, el Maestro se conmovió y no pudo reprimir el llanto. Entonces, preguntó por el sepulcro de Lázaro, y cuando llegaron a la cueva donde habían puesto el cuerpo, ordenó que quitaran la piedra que sellaba la entrada. Luego, elevó una oración al Padre celestial revelando el propósito del milagro que iba a realizar: "Que crean que tú me has enviado" (vers. 42). "Y habiendo dicho esto, clamó a gran voz: ¡Lázaro, ven fuera! Y el que había muerto salió, atadas las manos y los pies con vendas, y el rostro envuelto en un sudario. Jesús les dijo: Desatadle, y dejadle ir" (vers. 43, 44) Llamó al difunto Lázaro, y este salió fuera de la tumba, ante el asombro y el gozo de los allí presentes" (11:43-44).

Las señales tienen un efecto contrapuesto. En quienes ejercen fe, constituyen un milagro extraordinario del poder de Dios, pero en quienes no creen, endurecen el corazón, como ocurrió con los principales sacerdotes de la época de Cristo, quienes tramaron la muerte de Jesús y del mismo Lázaro (11:45-57; 12:9-11).

El nombre Lázaro deriva del hebreo y significa "ayuda de Dios"; es una forma popular del hebreo *Elâzâr*: "Dios ha ayudado". Se trata de quien ha sido ayudado por Dios; en el caso de Lázaro, para salir de la tumba y recuperar la vida y la salud.

Hoy, Dios también quiere ayudarte a que creas en Jesús, "la resurrección y la vida", para que con la fe puesta en él enfrentes la mayor adversidad de tu existencia: la muerte.

Cómo afrontar la adversidad

Todos tenemos que enfrentar problemas y lidiar con circunstancias adversas. Enfrentar la adversidad con sabiduría no solo nos permite salir adelante sino que puede constituirse aun en una fuente de felicidad.

¿Cómo ser más feliz cuando se está en medio de una enfermedad, un duelo, la viudez, la pobreza, o algún otro tipo de fatalidad? No es fácil, pero es posible. Transforma tus crisis en sabiduría. Lo que hoy es una crisis que te hace sufrir, mañana puede ser tu mayor motivo de orgullo. Los estudios y las experiencias han mostrado que los más felices son los que han aprendido a soportar los males sin dejarse vencer por ellos. Todo depende de cómo se afronten (en inglés dicen *cope with*) las dificultades.

El término que usa la Psicología para expresar la capacidad de superar la adversidad o enfrentar el estrés es *afrontamiento*. El *Diccionario de la Real Academia Española* define "afrontar" como: "Hacer frente al enemigo; hacer cara a un peligro, problema o situación comprometida". Esto es lo que hacemos para aliviar el dolor, el estrés y el sufrimiento provocados por un acontecimiento o situación negativa. Hay distintas formas de *afrontar*. Los especialistas distinguen básicamente dos: centrarse en las emociones y huir desesperado del malestar, o centrarse en el problema y buscar soluciones que contribuyan a superarlo. Es decir, se puede vencer las dificultades y sacar cosas positivas de ellas, o dejarse abatir por la adversidad y sucumbir ante ella.

Dice la Biblia: "A los que aman a Dios, todas las cosas les ayudan a bien" (Romanos 8:28). ¿Cómo es posible que una tragedia ayude para bien? El filósofo alemán Federico Nietzsche dijo: "Lo que no me mata, me fortalece". ¿De qué manera se puede salir fortalecido después de haber sufrido una calamidad? Se trata de ver el lado positivo de la desgracia, encontrar algo bueno en una pérdida o en un acontecimiento negativo. He aquí algunos consejos que pueden ayudar.

- *Escribe en forma expresiva tu experiencia.* Esto puede ayudarte a encontrarle un sentido a tu desgracia. Hace varios años, el psicólogo James Pennebaker emprendió una investigación acerca de los beneficios que le reportan a la salud el hecho de escribir la experiencia traumática. Estudió el caso de muchas personas a las que había animado a que describieran en detalle durante unos quince a treinta minutos toda su experiencia dolorosa. Además les pidió que siguieran escribiendo de esa experiencia de tres a cinco días seguidos. Comparó los resultados de las personas que expresaron su dolor por escrito con otro grupo que escribió de otros temas. Descubrió diferencias asombrosas. Los que pasaban tres días escribiendo y analizando sus sentimientos profundos, en los meses posteriores acudían menos veces al médico, les funcionaba mejor el sistema inmunitario, manifestaban menos depresión y aflicciones, obtenían calificaciones más altas en sus estudios, y les iba mucho mejor en el trabajo.[4]
- *Habla de tu problema con amigos de confianza.* Relata a algún conocido tu experiencia dolorosa, externando las emociones y procurando entender mejor lo acontecido. Quizá tu matrimonio fracasó porque caíste en una depresión que no superaste, o te dedicaste excesivamente a tu trabajo y te olvidaste de tu cónyuge, o hubo alguna circunstancia adversa de la vida que no fue bien prevista. Es importante que reflexiones en el hecho de si has crecido luego de la pérdida; si eres más compasivo o agradecido o sensible o tolerante con los demás. ¿De qué manera pudiste haber salido fortalecido de esa situación?
- *Dedica tiempo a Dios.* Separa, como indica el mandamiento, el séptimo día para Dios (ver Éxodo 20:8-11). Habla

con Dios cada día y busca encontrar respuestas en la Biblia. No siempre se encuentran respuestas inmediatamente, pero con el tiempo se descubren nuevas formas de ver las cosas, y llegas a la conclusión de que lo ocurrido fue positivo y te trajo una cantidad de beneficios inesperados.

Enseñanza bíblica: Jesús y la adversidad
(S. Juan 11:17-44)

Introducción: Cuentan las crónicas bíblicas que al poco tiempo de haber muerto el profeta Eliseo, vinieron bandas armadas de moabitas a la tierra de Israel. Y aconteció que al sepultar unos a un hombre, súbitamente vieron una banda armada, y arrojaron el cadáver en el sepulcro de Eliseo; y cuando llegó a tocar el muerto los huesos de Eliseo, revivió, y se levantó sobre sus pies. Este es el poder de Dios manifestado en la resurrección. Nada mágico había en esos huesos, sino que el Espíritu de Dios quiso enseñar a los enemigos de Israel que Eliseo había muerto, pero Dios no, y que no abandonaría a su pueblo fiel.

Uno de los milagros más extraordinarios de todos los tiempos fue aquel que Jesús realizara con un hombre llamado Lázaro. ¿Pero realmente Lázaro había muerto? ¿Mueren realmente los seres humanos, o sus almas son inmortales? ¿Qué es la muerte?

Estudiemos lo que dice la Biblia acerca del estado de los muertos:

¿Cómo fue creado el hombre en esta tierra? *(Génesis 2:7; 1:27).*

Para entender qué es la muerte, debemos entender primeramente cómo Dios creó al hombre. Dios formó al hombre del polvo de la tierra, y sopló en su nariz aliento de vida. O sea, el hombre no es solamente polvo o soplo. Es la unión de ambos elementos: soplo y polvo. Si falta uno de estos elementos, no hay vida. Es importante resaltar que la vida en este mundo es un milagro de Dios.

¿Qué es la muerte? *(Eclesiastés 12:7; Salmo 146:4).*

La muerte podría definirse como la desunión de los dos elementos que conforman la vida.

¿Es el alma inmortal, según la Biblia? *(Ezequiel 18:4).*

Quizá por nuestro trasfondo cultural greco-romano, le hemos adjudicado a la palabra "alma" la interpretación que le daban los griegos y los romanos. Sin embargo, para la Biblia, "alma", palabra derivada de la expresión hebrea *nefesh*, significa ser viviente. En otras palabras, el ser humano es un "alma" mientras vive. Cuando muere, deja de ser.

¿En qué estado se encuentran los muertos? *(Eclesiastés 9:5, 6).*

Según la Biblia, los muertos están en un estado de completa inconsciencia. No oyen, no ven, no viven. Por eso, Jesús comparó la muerte de Lázaro con el sueño (S. Juan 11:11-13).

¿Qué se preguntó el patriarca Job acerca de la muerte? *(Job 14:14).*

La pregunta de Job ha sido y es la pregunta de millones de seres humanos. Y es, de todas las preguntas, la más importante, la que espera más ansiosamente una respuesta.

¿Qué dice la Biblia acerca de la esperanza de volver a vivir después de la muerte? *(S. Juan 11:24).*

Las personas que vivían en tiempos de Jesús conocían el concepto de la resurrección. La idea de volver a vivir después de morir es bíblica.

¿Qué dijo Jesús acerca de su poder sobre la muerte? *(S. Juan 11:25; Apocalipsis 1:18).*

Jesús tiene suprema autoridad sobre la muerte, y él puede resucitar a quien él quiera.

Conclusión: Durante su ministerio, Jesús resucitó a varias personas: a la hija de un príncipe llamado Jairo, que había muerto minutos antes de encontrarse con Jesús. Al hijo de una viuda de la aldea de Naín, que había muerto hacía varias horas, y a quien resucitó cuando el féretro iba camino al cementerio. Y a Lázaro, que había muerto hacía varios días. El poder de Jesús fue *in crescendo* durante su ministerio en esta tierra. Cuando vuelva, resucitará a los millones de creyentes que descansan en sus tumbas desde hace siglos y milenios (ver 1 Tesalonicenses 4:16, 17). Erich Sauer dijo: "La cruz es la victoria, la resurrección es el triunfo. La resurrección es la exhibición pública de la victoria, el triunfo del Crucificado".

Llamamiento: ¿Aceptarás la gracia de Jesús para confiar en su promesa de la resurrección?

Resolución: Acepto la gracia de Jesús y su promesa, que me llena de esperanza y consuelo ante la muerte.

Firma de resolución: _____

EVALUACIÓN DE LA CAPACIDAD DE AFRONTAMIENTO[5]

A continuación se describen formas de pensar y comportarse que la gente suele emplear para afrontar los problemas o situaciones estresantes que ocurren en la vida. Para contestar, lee con detenimiento cada una de las formas de afrontamiento y recuerda cuántas veces has utilizado recientemente alguno de estos recursos. Haz una marca en el número que mejor represente el grado en que empleaste cada una de las formas de afrontamiento del estrés, de acuerdo a la siguiente escala:

0=nunca 1=pocas veces 2=a veces 3=frecuentemente 4=casi siempre

N°	¿Cómo te comportas generalmente ante situaciones de estrés?	0	1	2	3	4
1	Procuro analizar las causas del problema para poder hacerle frente.					
2	Procuro solucionar el problema siguiendo pasos bien pensados.					
3	Establezco un plan de acción y procuro realizarlo.					
4	Hablo con las personas implicadas para encontrar una solución al conflicto.					
5	Hago frente al problema poniendo en marcha varias soluciones concretas.					
6	Me convenzo de que hiciese lo que hiciese, las cosas siempre saldrán mal.					
7	No hago nada concreto, puesto que siempre habrá problemas.					
8	Comprendo que soy el principal causante del problema.					
9	Me siento indefenso/a e incapaz de hacer algo positivo para cambiar la situación.					
10	Me doy cuenta de que por mí mismo no puedo hacer nada para resolver el problema.					
11	Cuando me viene a la cabeza el problema, procuro concentrarme en otras cosas.					
12	Me concentro en el trabajo u otra actividad para olvidarme del problema					
13	Salgo al cine, a cenar, a "dar una vuelta", etc., para olvidarme del problema.					

Nº	¿Cómo te comportas generalmente ante situaciones de estrés?	0	1	2	3	4
14	Procuro no pensar en el problema.					
15	Practico algún deporte para olvidarme del problema.					
16	Asisto a la iglesia.					
17	Pido ayuda espiritual a algún religioso o amigo de confianza.					
18	Acudo a la iglesia para rogar que se solucione el problema.					
19	Tengo fe en que Dios remediará la situación.					
20	Oro.					

Resultados del CUESTIONARIO DEL AFRONTAMIENTO

Hay diversas maneras para enfrentar los problemas, que pueden ser positivas o negativas, como se explica a continuación.

INTERPRETACIÓN

1. FOCALIZADO EN LA RESOLUCIÓN DEL PROBLEMA. Es un excelente estilo de afrontamiento. Cuanto más **alto** el promedio, mejor. Para saber el nivel, suma los valores de las preguntas 1 al 5.

   Bajo: 0 a 5 puntos; medio: 6 a 15 puntos; alto: 16 a 20 puntos.

2. AUTOFOCALIZACIÓN NEGATIVA. Es un estilo de afrontamiento negativo. Cuanto más **bajo** el promedio, mejor. Para saber el nivel, suma los valores de las preguntas 6 al 10.

   Bajo: 0 a 5 puntos; medio: 6 a 15 puntos; alto: 16 a 20 puntos.

3. EVITACIÓN. No es un buen estilo para afrontar el estrés, aunque a veces puede resultar útil. Lo mejor es tener un promedio **bajo o medio**. Para saber tu nivel, suma los valores de las preguntas 11 al 15.

   Bajo: 0 a 5 puntos; medio: 6 a 15 puntos; alto: 16 a 20 puntos.

4. APOYO RELIGIOSO. Es un muy buen estilo de afrontamiento. Cuanto más **alto** el promedio, mejor. Para saber tu nivel, suma los valores de las preguntas 16 al 20.

   Bajo: 0 a 5 puntos; medio: 6 a 15 puntos; alto: 16 a 20 puntos.

CAPÍTULO 7

La fe y la práctica religiosa

"Una corriente cada vez mayor de la ciencia de la psicología sugiere que las personas religiosas son más felices, más sanas y se recuperan mejor de un trauma que las personas que no son religiosas"
—Sonja Lyubomirsky.

Lindorfo Giménez Giménez, más conocido como Fito, nació el 8 de septiembre de 1950 en Oviáchic, Sonora, México. En la madrugada de aquel viernes, el llanto inaugural de Fito retumbó en cada rincón del campamento donde trabajaba su padre en la construcción de una represa. Don Giménez era carpintero, y había construido sin saberlo la precaria vivienda donde nacería Fito. Su mujer, que era además otra Giménez, se dedicaba a criar a sus hijos. Aquella madrugada había dado a luz el cuarto hijo de un total de nueve.

Al cabo de un par de años, cuando se terminó la represa y las aguas cubrieron el viejo pueblo de Oviáchic —que volvió a nacer río arriba—, los Giménez dejaron el campamento para buscar trabajo en la frontera, más precisamente en San Luis Río Colorado, Sonora. Fito recuerda una sentencia que recorrió la historia familiar, y que nació precisamente el día en que abandonaron la represa: Su padre se bajó del camión que los transportaba y, mirando el río que se había llevado el pueblo, y con él todos los recuerdos, dijo: "La vida es como ese río; nada resiste el paso del tiempo. Por eso tenemos que apurar el paso".

Y apuraron el paso. Pronto Don Giménez encontró trabajo como bracero para un ranchero de este lado del Río Colorado. Fito recuerda su primera infancia apacible, y las tardes de Somerton, Arizona, aburridas e interminables como ese desierto que ardía durante las cuatro estaciones del año. Aunque los lugareños dicen que ahí solo hay dos estaciones: el invierno y el infierno.

No había llegado a la primera década de vida cuando Fito iba con su padre los sábados a la cosecha de algodón para ahorrar un dinerito, y no faltarle a su madre cada 10 de mayo. A medida que iba creciendo, Fito se las ingeniaba para ganar más y más dinero.

Para la década de 1960, San Luis Río Colorado se había convertido en una pequeña Las Vegas, y Fito cruzaba para vender algunas *chucherías*; y por dos *coras*, o un *tostón*, "les daba bola"* a los estadounidenses que pasaban la frontera a visitar las cantinas y teatros, que en ese tiempo convocaba a lo mejor del *jet set* mexicano.

La enemistad de Fito con la policía ya despuntó en el amanecer de su segunda década de vida. Apenas tenía once años cuando los agentes lo perseguían por las calles de San Luis con solo verlo. No querían que molestara a los turistas, a quienes mortificaba para que le compraran lo que fuere. Cuando la policía lo apresaba, Fito iba a parar a la comisaría, donde a la mañana siguiente lo soltaban no sin antes lustrarles los zapatos a toda la oficialidad y a los suboficiales.

Cuando Fito cumplió catorce años de vida, su padre "le arregló los papeles". Entonces Fito se sintió a sus anchas para vivir en los dos lados de la frontera. Esto determinó su destino. Para entonces Humberto, el hijo mayor de los Giménez, se había hecho compadre de un amigo en Sinaloa, tierra famosa por la producción de marihuana. Con esa amistad comenzó a nacer el "negocio" familiar: pronto Humberto se contactó con contrabandistas mexicanos interesados en pasar marihuana a los Estados Unidos. Y en menos que canta un gallo, Humberto y su compadre, mafioso de profesión, enrolaron en el negocio a los otros hermanos Giménez: Agustín, dos años mayor que Fito, Evangelina, la única hermana, y José Luis, el menor. Y con lo que a Fito le gustaba el dinero, no le fue difícil a Evangelina convencerlo de que se prestara como "mulita" para pasar droga al otro lado del río. Él tenía apenas catorce años. Era inimputable.

"Entonces los guardias de frontera estadounidenses eran muy *nice*", cuenta Fito. Y él aprovechaba la "bondad" de los guardias para pasar autos con la cajuela llena de "ladrillos".** A medida que de este lado del río se pusieron más "mañeros", más sofisticada fue la forma de pasar la droga: en el motor, en las ruedas y en todo agujero que pudiera rellenarse con la yerba. Y cuando se complicó el paso de la marihuana por tierra, comenzaron a pasarla por el mismo Río Colorado.

Habiendo apurado el paso, en pocos meses el negocio creció en proporciones geométricas. Evangelina y Fito se encargaban del negocio de aquel lado del río: producir, acopiar y trasladar la marihuana a Arizona. Y José Luis y Humberto se ocupaban del negocio en este lado: ganar mercado, trasladar la droga a distintas ciudades, y recibir el dinero. En sus comienzos, los abastecía Pedro Avilés, el Chapo Guzmán de aquella época, pero luego compraron un avión; y con piloto privado Fito y Evangelina visitaban la Sierra de Chihuahua y Sinaloa, que colinda con Sonora, donde hasta el día de hoy se siembra marihuana.

Para entonces, Evangelina, conocida en el ambiente como "la Doña", ya era ama y señora del negocio. Ella era la de la palabra, el trato, el compromiso. Y en su carácter había una buena dosis de crueldad y abuso. Tanto que Agustín terminó separándose del negocio familiar y formó su propio negocio. Fito se quedó con Evangelina. Era su mano derecha.

El mercado se fue extendiendo como fuego llevado por el viento: Tucson, Phoenix, Los Ángeles, San Francisco y Chicago. Si completaban la tonelada, llegaban más lejos: Nueva York y la Florida. El negocio creció, y el paso de la droga a lomo de mula pareció de un tiempo lejano. Ahora pasaban todo lo que querían en camiones, trenes, aviones y barcos. Compraban las fronteras.

Para entonces, Fito ya tenía veinte años. Eran tiempos gloriosos. Andaba bien con el dinero y en el amor: los dólares caían como las aguas del Niágara, y se había enamorado de una morena que le robó a un campesino pobre de la zona. Después de cinco años, el 19 de diciembre de 1975, regularizó su situación civil, y Virginia Rivera pasó a ser Virginia de Giménez.

Fito creía tenerlo todo: familia y dinero. Lo que no sabía es que la "raíz de todos los males es el amor al dinero" (1 Timoteo 6:10). Poseía casas, propiedades de todo tipo, mujeres hermosas, y lo más importante: el respaldo de las autoridades. El dinero compraba todo: jueces, policías, abogados, guardias fronterizos. Todo. Poseía todo, pero no se poseía a sí mismo.

Con tanto dinero, Fito comenzó a creer su propia mentira. Porque se sentía fuerte, se volvió violento. Y ante él todos caían de rodillas. Fito sabía que la gente le tenía miedo, porque la ley lo protegía. Y esa seguridad lo convirtió en un déspota. Nadie lo podía tocar; ni siquiera las balas podían entrarle. El poder nos embriaga y hace que nos sintamos súper hombres, cuando en realidad somos despreciables. El opresor no sería tan fuerte si no tuviese cómplices entre los propios oprimidos. La complicidad nace del miedo al poder y a la fuerza. Y se alimenta de la ignorancia. Por la ignorancia se domina más y durante más tiempo que por la misma fuerza.

Finalmente, en la década de 1970 los hechos se precipitaron como un rayo en la vida de Fito. Hasta entonces, un tal García, abogado de la mafia, le arreglaba todas sus fechorías. Cuando lo llevaban preso, Fito se reía en la cara de los policías. Nunca llegaba al juzgado. Hasta que un día comenzó su cuenta regresiva. Agustín, el hermano mayor, había matado a un agente de la DEA en tierras mexicanas. "Y desde entonces nos echamos a los federales encima", cuenta Fito.

En diciembre de 1972, en Tucson, Arizona, el FBI le tendió una trampa, y fue a parar a una Corte que lo sentenció a siete años de prisión por posesión de drogas y conspiración. Para esa época, el Congreso estadounidense había votado la Ley de Conspiración que imputaba a todo narcotraficante que, aun sin residencia en territorio estadounidense, produjera y comercializara drogas que llegaran a este país. Pero Fito apeló la sentencia, y la oficina de abogados *Peter and Rose* llevaron su caso a la Corte

Suprema de San Francisco. Fito ganó el caso. Solo estuvo once meses preso en Lompoc, California.

Pero en México no tuvo la misma suerte. Para entonces, la Doña había sido sentenciada a 43 años de prisión, Agustín había sido asesinado meses antes en San Luis Río Colorado, y Humberto estaba en una silla de ruedas a causa de una balacera. La familia ya no tenía poder para protegerlo. Y Fito cayó preso. Estuvo encerrado desde 1976 hasta 1980 en Nogales, Sonora. Aun así recibió una indulgencia: su hermano Agustín, días antes de que lo asesinaran, había pagado a las autoridades para que no lo torturaran. Todavía Fito tenía una cuña: el gobernador de Sonora era su primo por parte de padre y madre.

Cuando dejó México a comienzos de 1980, Fito volvió a los Estados Unidos. Ya no tenía dinero. Los abogados se lo habían consumido; y el que tenía en México, la hiperinflación lo convirtió en papel pintado. Entonces, ya pobre, comenzó a trabajar en la cosecha de la lechuga en California. Y nuevamente el FBI le tendió otra trampa. Y otra vez a la Corte. En abril de 1982 fue condenado a cinco años de prisión. Ahora Fito tenía sobre su cuello la espada de la deportación definitiva.

El alguacil que lo conducía a prisión le dijo que lo dejaría una noche en Palm Springs, cerca de la autopista 10, porque su jurisdicción llegaba hasta ese lugar. Al día siguiente, otro agente lo buscaría para llevarlo a su destino: la cárcel de Riverside.

Esa fue una noche de gran angustia para Lindorfo Giménez. Pensó que allí lo matarían. Quedó completamente solo. El oficial de turno le alcanzó una Biblia, y Fito la abrió en el Evangelio de San Juan. Comenzó a leer. Hasta entonces nada ni nadie lo había tocado interiormente para que cambiara de conducta, pero esa noche fue visitado por el Espíritu Santo. No fue una visita agradable. Todo lo contrario. Fue una visita que lo sumió en una agonía profunda. Toda la noche lloró y buscó a Dios. Y, parecido a la noche de angustia de Jacob (ver Génesis 32:24), al amanecer Fito tuvo paz. Sabía que lo peor estaba por venir: la cárcel y la deportación. Pero ahora comenzaba a tener una fuerza interior que hasta entonces no había tenido. En el mismo lugar donde creyó que dejaría sus huesos, renació a la vida.

* * * *

Lindorfo comenzó a contarme esta historia la noche del 4 de enero de 1996, hace ya veinte años. Y terminó de contármela el 26 de enero del mismo año, mientras yo preparaba la valija para volver a Buenos Aires, Argentina, donde residía entonces. Yo había ido por primera vez a visitar los campos de cosecha de Arizona. Virginia y Lindo, como lo empecé a llamar desde entonces, me abrieron la puerta de su casa, y luego también la de su corazón.

Escribo estas líneas el 4 de octubre de 2015. Hace una semana llamé a Lindo para precisar algunos datos de su historia y preguntarle cómo se sintió en estos últimos veinte años:

—¿Qué ocurrió en la cárcel de Riverside, California, luego de aquella noche de agonía en Palm Springs?

—El Señor me siguió visitando. Mi arrepentimiento fue profundo y duró muchos meses. Aquella noche en Palm Springs fue solo el comienzo. Mientras leía la Biblia que me regaló un grupo de hermanos pentecostales, recibí nuevamente la visita del Espíritu Santo como un don. Es un regalo que Alguien te confronte con lo que tú eres en realidad. Yo me sentía orgulloso de mí; y cuando Dios me tocó, vi lo que realmente era: un cobarde que se aprovechaba de la debilidad de la gente. Lloré muchas noches por mí. No por el miedo a las consecuencias de mis errores, sino por la imagen que veía en el espejo del Espíritu. Jamás nadie me había confrontado conmigo mismo. Sentí asco de mí mismo. Me identifiqué mucho con la conversión de Pablo. Leí muchas veces el capítulo 9 de los Hechos de los apóstoles.

—¿Alguna cosa reafirmó tu fe mientras estabas en la cárcel?

—Cuando llegué a la celda, mi primer pensamiento fue dirigido a mi madre. Ella estaba enferma del corazón. Yo le había pedido al juez que me sentenciara después del 10 de mayo, porque quería pasar el último Día de la Madre con ella. Pero no lo hizo. Esa noche rogué a Dios porque mi madre se sanara, que le diera vida para verme libre nuevamente. Dios respondió ese ruego: mi madre vivió veinte años más.

—¿Qué es la iglesia para ti?

—La que me dio la fe, y con eso me dio todo. Hay una iglesia militante y una iglesia triunfante. Yo pertenezco a la militante, porque quiero pertenecer a la triunfante. Soy débil, y cada día muero en Cristo (ver 1 Corintios 15:31). Yo no puedo solo con todas mis cargas, pero Cristo me fortalece (ver Filipenses 4:13). La iglesia es mi familia. Mi ciudad de refugio. El lugar donde los pecadores se reúnen para buscar la gracia de Cristo. Servir en la iglesia es el motor de mi vida, porque su mensaje es el que le dio sentido y misión a mi existencia.

—¿Qué tienes que agradecer a Dios?

—Agradezco a Dios por el modo en que me guió. Mi pasado fue el precio que tuve que pagar por mi esperanza. Jamás hubiera conocido a Cristo si no hubiera sido en la cárcel. En mi ambiente, nadie me hubiera acercado a Dios. Pero a la vez que me arrepiento de muchas cosas malas, no lamento el camino que tuve que recorrer para conocer al Señor. Agradezco también porque mi madre y mi hermana Evangelina aceptaron la fe antes de morir. Y agradezco por la fe de mis hijos y de mi sobrina, la hija de Evangelina, que también aceptó a Cristo.

* * * *

Lindorfo salió de la cárcel el 3 de julio de 1985. Estuvo preso durante 26 meses, porque por buena conducta le contaron dos días por uno. Fue bautizado el 21 de julio de 1985 en la Iglesia Adventista del Séptimo Día. Cuando salió libre, fundó una iglesia en la cárcel de Yuma.

Yo conocí a Lindo cinco años y medio después de su bautismo. Y viví en su casa del desierto durante un mes. Lo que más me sorprendió de él fue su devoción por el Señor: Cada mañana reunía a su familia en torno de la mesa para orar y estudiar la Palabra de Dios. Una vez que desayunaba, se iba al sol, al calor del desierto, a trabajar honradamente en su taller mecánico por muy poco dinero. Cuando lo veía, yo me preguntaba cuánto

Fito Giménez, en Yuma, Arizona.

tiempo podía durar un hombre con ese estilo de vida pobre, cuando no hacía mucho tiempo tenía miles de dólares en su bolsa cada día. El tiempo dio la mejor respuesta.

Después de salir de la cárcel, Lindorfo tuvo que enfrentar el juicio ante Migración. Entonces, el juez, luego de recibir el testimonio del pastor adventista acerca de lo valioso que es Lindo para su iglesia y la comunidad, lo declaró inocente. Hoy es el dirigente más influyente de la Iglesia Adventista de Mexicali, Baja California, México. Vive feliz con su esposa Virginia, y disfruta los nietos que le dieron sus cinco hijos: Elia, Manuel, Pedro, Rafael y Gabriel, todos creyentes en la misma fe adventista.

Qué dice la ciencia acerca del poder de la religión

Una serie de investigaciones han demostrado que quienes practican una religión, o dicen que la religión es importante para su vida, gozan de mejor salud y aun sobreviven más tiempo con enfermedades crónicas.[1] "Los religiosos tienen más probabilidad de llevar una vida sana", dice la investigadora Sonja Lyubomirsky.[2] También tienen la capacidad para soportar mejor una pérdida (por ej. la muerte de un bebé), que aquellos que no son religiosos.[3] Los religiosos fuman y beben menos que los no religiosos, y algunos, como los adventistas del séptimo día, recomiendan un estilo de vida sano: buena alimentación, nada de alcohol, ni tabaco ni drogas, y una actitud positiva, originada en una conciencia en paz, para superar el estrés. Los adventistas que siguen estos consejos, en promedio, viven más y mejor que la población en general.[4]

También se ha encontrado que el 47 por ciento de los que asisten a los servicios religiosos varias veces por semana, se describe a sí mismo como "muy feliz", en comparación con el 28 por ciento que asiste menos de una vez por mes.[5] Otra investigación ha confirmado que las personas religiosas, o espirituales, son más felices que los ateos o agnósticos: tienen mejor salud mental, sobrellevan mejor el estrés, sus matrimonios son más satisfactorios, consumen menos drogas y alcohol, son más sanos físicamente, y viven más tiempo.[6] Claro, un ateo puede ser muy espiritual, y alguien que se dice creyente puede ser un ateo práctico. Pero estamos hablando de personas comprometidas con su fe.

Una gran cantidad de estudios ratifican estos hallazgos, en los que los religiosos aparecen con menos grado de depresión, mejor salud física, fuman menos, tienen más apoyo social, e incluso viviendas más cómodas.[7, 8] No solo entre religiosos cristianos aparecen estos resultados positivos de salud, bienestar y felicidad; también se los ha encontrado entre los creyentes musulmanes y poblaciones de hindúes.[9]

Jesús y la fe

Probablemente después de convertirse en señorita, ella advirtió que algo no andaba bien en su cuerpo. Los períodos eran muy largos y pocos los días que no sangraba. Al principio la madre no le dio importancia. "Ya se te va a regularizar", le dijo para tranquilizarla. Pero seguía con mucho sangrado, y no lograba recuperarse de uno cuando nuevamente comenzaban los derrames. El sangrado continuo hacía que su organismo no pudiera crecer; seguía flacucha, casi escuálida. La sociedad machista donde vivía tenía creencias morales muy estrictas; consideraba la etapa del período femenino como un estado de impureza o suciedad, por el que las mujeres debían estar alejadas para no contaminar a los hombres y las cosas que tocaban. Esto hacía más cruel su sufrimiento. Buscó ayuda, pero nada ni nadie pudo ayudarla. Ella vivía con preocupación y vergüenza sus malestares, encerrada en su habitación para no ser motivo de las habladurías e indiscreciones.

Los años pasaban y el problema persistía, intensificándose el drama, el estigma, la humillación y el retraimiento. Su cuerpo se iba debilitando cada vez más, a medida que disminuía la esperanza de una solución. La triste realidad era que no había remedio para las metrorragias crónicas, probablemente resultado de alguna malformación pélvica genética. Sin embargo, la mujer del relato de San Mateo 9:20-22, con el paso de los años, en la soledad de su sufrimiento, fue abrigando la esperanza de una curación divina. Quizás en algún momento del mucho tiempo que consagraba a la oración, surgió tenuemente la lucecita de que Dios podía hacer el milagro. Leyendo las historias bíblicas de cómo Dios había actuado en el pasado a través de los profetas o siervos consagrados, curando leprosos y otros males, fue afirmándose la idea de que también podría ocurrir algo parecido con ella. Así la convicción y la fe fueron fortaleciéndose y la esperanza aumentaba.

Fue entonces cuando empezó a escuchar de Jesús de Nazaret. Muchos lo habían visto actuar y referían que hacía curaciones extraordinarias. A medida que le relataban las enseñanzas y las obras de Jesús, se fue convenciendo de que era un mensajero de Dios y la gran esperanza para su mal. El problema era que el Rabí no atendía en un lugar específico, sino que viajaba continuamente, especialmente en las regiones de Judea, donde estaba Jerusalén. Ella vivía en una ciudad de Galilea, sobre la costa del lago de

Genesaret. El Maestro y sus discípulos habían estado en varios lugares de Galilea, pero no sabía si algún día pasaría por su ciudad. Un día le dieron la noticia más importante de su vida: "Jesús y sus discípulos están regresando de Gadara y pasarán por nuestra ciudad".

Era su gran oportunidad. Haciendo un gran esfuerzo, se vistió y consiguió salir a la calle. Casi arrastrándose por su gran debilidad, logró avistar la multitud que acompañaba al Médico divino y sus discípulos. ¿Cómo acercarse a él entre tanta gente? ¡Era prácticamente imposible! Observó que el grupo se dirigía en su dirección, entonces sintió que Dios estaba actuando en su favor. Se ubicó donde seguramente pasaría la muchedumbre para poder hacerle el pedido a Jesús. Pero se dio cuenta de que la gente venía apretujando al Maestro, y no la dejaban acercarse. No tenía fuerzas para hacerse un lugar entre la gente, incluso algunos la empujaron y la hicieron caer. Pero haciendo un gran esfuerzo se incorporó precisamente cuando Jesús estaba pasando. Entonces en su desesperación, pensó: *Si solo le tocara el manto, estoy segura de que me curará.* Así que poniendo todas sus fuerzas en ese último esfuerzo, extendió su mano hasta llegar a tocar el manto del Maestro. Entonces se produjo el milagro, inmediatamente sintió que estaba curada, las vertientes enfermizas de su organismo se detuvieron. Profundamente conmovida y agradecida, quedó allí sentada en el suelo, observando algo extraño. La multitud se detuvo, Jesús se dio vuelta y extendiéndole la mano la ayudó a incorporarse. Allí supo que esa mano la invitaba a iniciar una nueva vida, un nuevo futuro de plenitud y felicidad. Jesús había dado vida a su sueño.

Cómo y por qué practicar la fe

Considerando los múltiples beneficios que proporcionan el ejercicio de las actividades religiosas y el cultivo de la espiritualidad, especialmente por elevar los niveles de felicidad personal, muchos investigadores actualmente sugieren que la gente asista a una iglesia e invierta tiempo en la meditación y la lectura de libros devocionales o espirituales. Por ejemplo, la investigadora rusa Sonja Lyubormisrsky, una experta en el tema, propone en su libro *La ciencia de la felicidad. Un método probado para conseguir el bienestar*, las siguientes actividades probadas por estudios empíricos para sentirse mejor y gozar de más salud. [9]

1. Intégrate en una iglesia, en un programa espiritual o en un grupo de estudios bíblicos.
2. Asiste a un servicio religioso una vez por semana o en forma diaria.
3. Dedica por lo menos quince minutos por día a leer la Biblia o un libro religioso, o a escuchar un programa religioso en la radio o en la televisión.
4. Preséntate como voluntario en alguna obra de caridad basada en la fe.
5. Busca el sentido de la vida. Trabaja para encontrar la fe con la que puedas identificarte.
6. Dedica entre cinco minutos y una hora por día a la oración (ora al despertarte, ora en cada comida, y antes de ir a dormir por la noche).
7. Desarrolla tu capacidad para ver lo sagrado en las cosas cotidianas, tanto en las hermosas como en las simples. "Santificar los objetos, las experiencias y los esfuerzos cotidianos requiere mucha práctica, pero en eso está la esencia de la espiritualidad y su recompensa".

---

*Dar bola: lustrar los zapatos.
**Ladrillo: marihuana apelmazada con forma de ladrillo.

Enseñanza bíblica: Jesús y la fe *(S. Mateo 9:18-22)*

Introducción: Un domingo, un ministro estaba hablando acerca del bautismo y dijo que era suficiente la aspersión de agua por encima de la cabeza del creyente para bautizarlo. Explicó que cuando Juan el Bautista bautizó a Jesús en el Jordán, en realidad ellos no estaban "dentro" del agua, sino cerca, a un lado. Y lo mismo cuando Felipe bautizó al eunuco en el río. Pero luego del servicio religioso, un creyente se le acercó y le dijo: "Ahora entiendo la historia de Jonás, que fue tragado por la ballena. Siempre me había preocupado. Ahora sé que Jonás realmente no estaba dentro de la ballena, sino cerca, a un lado. Ni los tres jóvenes hebreos fueron echados en el horno de fuego, sino que los pusieron cerca del horno. Ni Daniel tampoco fue echado en un foso con leones sino que estuvo cerca, a un lado, como en el zoológico".

En el estudio anterior hablamos acerca de la muerte y de la resurrección. En este estudio veremos cómo se simboliza la muerte y la resurrección espiritual.

Estudiemos lo que dice la Biblia acerca del bautismo, que es la puerta de entrada a una vida nueva, a la santificación; en otras palabras, a la práctica de la religión:

¿Por qué llegó la muerte a este mundo? *(Romanos 5:12)*.

Dios había creado al hombre a su imagen y semejanza, perfecto, y con la posibilidad de vivir eternamente. Pero la eternidad estaba condicionada a la obediencia. Cuando Adán pecó, la muerte entró en este mundo.

¿Qué hizo Dios con la humanidad después de la caída? *(Génesis 3:15)*.

A pesar de la desobediencia de Adán, Dios prometió darle una solución a este problema: enviar a un Salvador que sería de la simiente de la mujer. Nacido entre los hombres, pero a su vez eterno como la ley ofendida, Jesús fue tan humano como Adán el ofensor. Porque un hombre (Adán) había sido la causa de la caída de este mundo, solo otro hombre (Jesús) podía recuperarlo.

¿Qué hizo Jesús para recuperar este mundo perdido?
(Romanos 5:6-11).

La muerte de Jesús fue efectiva para salvarnos, porque en vida obedeció completamente la voluntad de su Padre, expresada en su ley. En su obediencia, alcanzó la eternidad. Para otorgarnos la eternidad, Dios demanda hoy lo mismo que demandó en el Edén: la obediencia a su ley. Como nosotros no podemos obedecer en perfección, Jesús lo hizo por nosotros; para que nosotros, por su obediencia, seamos constituidos justos y así alcancemos la eternidad.

¿Cómo puedo yo aceptar a Jesús, recibir su justicia y ser limpiado de mis pecados para reconciliarme con Dios
(Hechos 22:16).

Cuando aceptamos a Jesús, aceptamos recibir su justicia, y por la fe en él somos limpiados de nuestros pecados. Pero esa fe siempre tiene un fruto: el arrepentimiento, seguido de la confesión, y un cambio de vida. La conversión genuina se expresa en obras genuinas de fe (Santiago 2:26; 1 Tesalonicenses 1:3). Aceptar a Jesús como nuestro Salvador personal nos reconcilia con Dios.

¿Qué práctica religiosa representa la entrega a Jesús y la aceptación de su vida y su muerte? *(Romanos 6:3-5).*

El bautismo por inmersión es el acto religioso que confiesa públicamente a Jesús como Salvador personal. A su vez representa el inicio de una nueva vida en él. Es el testimonio de una vida que fue justificada (hecho pasado) y que será santificada (hecho presente y futuro) mediante la práctica de la fe, que no es otra cosa más que la práctica de la religión sana.

¿Qué dijo Jesús acerca del bautismo? *(S. Juan 3:3-5).*

Jesús comparó el bautismo con el nuevo nacimiento. Nacer del Espíritu es aceptarlo en el corazón. Y nacer del agua es confesarlo públicamente a través del bautismo. Algunos dicen "yo no estoy listo para esto", pero en realidad nadie está listo para nacer. El nacimiento espiritual no proviene del hombre sino de Dios. Cuando aceptamos a Jesús sinceramente, nacemos de nuevo. Sin nacimiento, no hay vida ulterior.

¿Será indispensable el bautismo para caminar con Dios?
(S. Marcos 16:16).

Estas son palabras directas de Jesús. Si crees en Jesús, no temas. Avanza en el camino de la salvación.

Conclusión: La fe verdadera me lleva a vivir la verdadera religión. La palabra "religión" viene de la expresión latina *religare*, que significa: *re*, volver a; *ligare*, unir. Es decir, volver a unir al hombre con Dios. Porque solo con él estamos completos. Solo si aceptamos a Jesús, obedecemos su Palabra y ponemos en práctica sus consejos, tendremos vida plena. Por tal razón, acepta hoy a Cristo y nace en su reino de gracia. Para tener un mañana, hoy necesitas nacer. Erich Sauer dijo: "Ningún hombre puede seguir a Cristo y perderse".

Llamamiento: ¿Aceptarás bautizarte como expresión pública de que aceptas a Jesús como tu Salvador personal?

Resolución: Acepto la gracia de Dios y su justicia, y decido ser bautizado para unirme a Cristo.

Firma de resolución: _____

¿CUÁN RELIGIOSO SOY?

EVALUACIÓN DE LA RELIGIOSIDAD

La lista que se presenta a continuación contiene una serie de declaraciones. Lee cada una de ellas y coloca una X en el casillero que mejor describa tu pensamiento respecto del contenido de esas declaraciones.

Nº	PREGUNTAS	SIEMPRE	MUCHAS VECES	A VECES	POCAS VECES	NUNCA	PUNTAJE
1	Mi fe abarca todos los aspectos de mi vida.						
2	He tenido la experiencia de sentir la presencia de Dios.						
3	Creo que deberíamos buscar la ayuda de Dios cuando tenemos que tomar decisiones importantes.						
4	Mi fe me incapacita para actuar como yo quisiera.						
5	Lo más importante para mí es servir a Dios lo mejor que puedo.						
6	Procuro aplicar mi religión a todos los aspectos de mi vida.						
7	Pienso que hay cosas más importantes en la vida que la religión.						
8	Considero que lo principal de una creencia religiosa es practicar una vida moralmente correcta.						
9	Me opongo a que las ideas religiosas influyan en mi forma de ser.						
10	Mis principios religiosos fundamentan mi visión de la vida.						
						TOTAL	

Resultados de la EVALUACIÓN DE LA RELIGIOSIDAD

1. A las preguntas 1, 2, 3, 5, 6, 8 y 10, asigna el siguiente puntaje: siempre=5; muchas veces=4; a veces=3; pocas veces=2; nunca=1.
2. Para la pregunta 4, 7 y 9, los puntajes son: siempre=1; muchas veces=2; a veces =3; pocas veces=4; nunca=5.
3. Suma el puntaje de las 10 y ve la interpretación en la tabla siguiente

INTERPRETACIÓN

Si obtuviste entre 47 y 50 puntos . . . . .Excelente nivel de religiosidad
Entre 42 y 46 puntos . . . . .Muy alta religiosidad
Entre 35 y 41 puntos . . . . .Religiosidad media
Entre 30 y 34 puntos . . . . .Religiosidad baja
Menos de 30 puntos. . . . . .Muy baja religiosidad

CAPÍTULO 8

La "esperanza feliz"

"Ciertamente vengo en breve" (Apocalipsis 22:20).

Esa madrugada, Carlos llegó ebrio a su casa. En la oscuridad de la sala lo esperaba su esposa, Constanza, hundida en el sofá. Había estado allí durante horas, en vigilia, dormitando a veces, luchando consigo misma para mantenerse despierta. Quería ver llegar a su esposo al hogar que ella misma había construido con esfuerzo y esperanza, pero que se estaba derrumbando. Quería mirar al compañero de su vida a los ojos. En su dolor, no sabía siquiera qué le diría. Su corazón ya se había roto.

Cuando Carlos abrió la puerta de su casa, vio a su mujer en penumbras; y solo atinó a hacerle una pregunta, tan desubicada como desconcertante: "¿Me amas?". Carlos no esperó la repuesta. Se fue a la cama.

Aquella mañana Constanza se despertó entre lágrimas, confundida, en el sofá. Era sábado, y ella era una creyente adventista. Así que fue a la iglesia a ver a su pastor, quien le dio un consejo sabio: "Ve y abraza a tu esposo".

Constanza volvió a su casa esa mañana e hizo, con dolor, lo que su mente no quería pero sí su corazón: abrazó a Carlos. El abrazo duró tanto tiempo como fue necesario para que su esposo despertara.

Cuando Carlos abrió los ojos, sintió el abrazo cálido de quien lo amaba a pesar de todo. Hasta entonces él no había entendido nada acerca del amor. Allí estaba su esposa, amándolo, siguiendo el consejo bíblico dado a las mujeres creyentes: "Para que, si algunos de ellos no creen en el mensaje, puedan ser convencidos, sin necesidad de palabras, por el comportamiento de ustedes" (1 Pedro 3:1, DHH).

Esa mañana Carlos comenzó a comprender que el amor no da lo que uno merece, sino lo que uno necesita. Y en lo profundo de su ser aceptó la superioridad del amor de su mujer. Carlos había experimentado el amor de Constanza muchas veces, pero en aquella mañana finalmente se "despertó". De Constanza brotaba un suave efluvio que deshacía las aristas puntiagudas del corazón de su esposo, transformando todas las cosas en una deliciosa promesa. Él había renegado muchas veces de esas delicias. Pero últimamente estaba como peregrinando en medio de las tormentas de nieve, buscando que la mirada de su esposa le devolviera el verde a las hojas de los árboles y el rojo al poniente. Constanza no se negó a donarle su mirada. Este es el poder de una mujer que ama, y que el filósofo Federico Nietzsche intuyó cuando dijo: "La mujer es un tipo de humanidad superior al hombre".

Como la luz, el amor de Constanza inundó el corazón de Carlos con naturalidad. Porque el amor fluye sin esfuerzo una vez que la voluntad, con esfuerzo, abre las compuertas del corazón. Como la luz, sin esforzarse, por el simple hecho de ser luz, ilumina todas las cosas, el amor encendió la fe en el corazón de Carlos. El amor, como la belleza, tiene esta cualidad: es superior a la inteligencia, porque no necesita explicación. Está más allá de todo entendimiento, porque proviene de Dios. "Dios es amor" (1 Juan 4:8).

Las borracheras y la violencia de Carlos escondían el miedo que él tenía de quedarse a oscuras en la vida. Y de la mano de Constanza, Carlos comenzó a acercarse al Dios de su esposa y a asistir a su iglesia.

Un sábado por la mañana, una predicadora dijo algo que cambió el curso de la vida de Carlos: "Las personas que fueron abusadas en la infancia son abusadores cuando llegan a adultos". Luego de escuchar esas palabras, Carlos registró por primera vez en su vida que él había sido abusado sexualmente cuando tenía seis años. Aquella predicación le abrió las puertas a un camino sinuoso y espinoso que lo llevaría al encuentro consigo mismo, y finalmente a la paz.

Desde ese momento, Carlos sintió que Dios lo estaba llevando al desierto, como lo hizo con Jesús. Pero confió en que no estaría solo, porque Jesús ya había pisado el desierto en soledad para que nunca más nadie se sintiera solo en este mundo.

Carlos comenzó a estudiar la Biblia con un pastor adventista, y aprendió que Dios no conduce a nadie al desierto para abandonarlo allí, sino para darle la tierra prometida, como lo hizo con el pueblo de Israel en la antigüedad. Para Carlos, esa tierra prometida era una nueva vida aquí y ahora, una nueva forma de verse a sí mismo, un poder para vencer sus depresiones, su violencia interior, que en un par de ocasiones lo llevó casi a la muerte. Carlos lleva aún en su cuerpo la marca de una bala que Dios no permitió que acabara con su vida. Él vio el milagro. Así Carlos abrazó la esperanza de la segunda venida de Cristo, y fue bautizado en la fe adventista el sábado 5 de mayo de 2007, en Cuba. Esta "bendita esperanza" permitió unir los puntos de su pasado para conformar una red de sentido que iluminó su vida.

No fue fácil la vida de Carlos después de convertirse y bautizarse. No es fácil la vida de un niño que es ultrajado en su inocencia. No es fácil la vida de un hombre que carga sobre sí una culpa que no merece. No es fácil la vida de un tizón arrebatado del incendio que lucha para conservar su luz y su calor. La vida no es fácil. La vida está llena de injusticias, llena de cosas que no comprendemos, que no merecemos, que no previmos ni esperamos. Pero Carlos aprendió a no echarle la culpa a Dios.

Son las 9 de la noche en la ciudad de Boise, donde escribo estas líneas, mientras me comunico con Carlos a través de *Skype*:

—¿Qué significa la promesa de la segunda venida de Cristo en tu vida? —le pregunto.

Carlos hace un largo silencio y responde:

—Nunca me habían hecho esa pregunta. Vienen a mi mente las palabras de Pablo: "Cosas que ojo no vio, ni oído oyó, ni han subido en corazón de hombre, son las que Dios ha preparado para los que le aman" (1 Corintios 2:9). Muchas de esas cosas yo ya las he recibido en esta vida. Jesús ha sido todo para mí. Yo no puedo solo. Pero la gracia infinita de Dios hace el milagro en mí cada día. Pienso que la segunda venida de Cristo significará el encuentro cara a cara con ese Amigo que me acompañó en el sendero de mi vida aun sin yo saberlo.

Para despedirme, le pedí a Carlos que me resumiera su fe en un pensamiento:

—Yo creo que mi sanidad fue un proceso largo, difícil y milagroso. Dios obró en mí antes de que yo lo conociera. Lo hizo silenciosa pero eficazmente. Al principio, yo estuve muy enojado con él porque no me protegió en la infancia. Luego comprendí que lo malo no proviene de él, que el mal es la consecuencia del pecado. Y también comprendí que Dios es un Dios de segundas oportunidades. Siempre me dio lo que necesité, jamás lo que merecí. Su gracia es infinita. Cuando mi pasado me martiriza, busco a Jesús y sus palabras: "No se angustien ustedes. Crean en Dios y crean también en mí. En la casa de mi Padre hay muchos lugares donde vivir… Y después de irme y de prepararles un lugar, vendré otra vez para llevarlos conmigo, para que ustedes estén en el mismo lugar en donde yo voy a estar" (S. Juan 14:1-3, DHH).

Hoy, Carlos y Constanza conforman una pareja pastoral. Su ministerio inspira la vida de miles de personas. Compartir la fe es todo para ellos. En pocos días, Carlos conversará con la persona que abusó de él, para cerrar un capítulo triste de su vida. Y para compartir con su agresor la esperanza que hay en la venida de Cristo, que le dio sentido a su existencia y que cada día enciende una luz en su corazón.

Qué dice la ciencia acerca de la esperanza

Cada año se publican unos tres mil artículos científicos basados en investigaciones sobre la importancia de la esperanza para la salud mental. Pero todos están escritos desde una perspectiva humanística, la llamada esperanza *inmanente*, que nada tiene que ver con la esperanza *trascendente* de la Palabra de Dios. Prácticamente no existen estudios con respecto a la esperanza *trascendente* de la segunda venida de Cristo. La única prueba que evalúa la esperanza en un "mundo feliz más allá" —como canta un himno adventista— es el *TED-R* (ver más abajo). Con este instrumento se han realizado algunos estudios científicos, y todos han resultados altamente interesantes. En una muestra de 176 adultos casados, de unos 39 años de edad en promedio, se encontró que los que tenían más alta la esperanza trascendente presentaban mayor satisfacción conyugal y eran menos propensos a divorciarse.[1] Estos resultados fueron corroborados en otra investigación reciente.[2] En otro estudio, de 230 personas, se encontró que quienes creían en la segunda venida de Cristo no padecían tanto de depresión.[3] En una indagación realizada con 175 estudiantes universitarios se halló que quienes tenían altos niveles de esperanza trascendente presentaban significativamente menos síntomas de ansiedad, paranoia, somatizaciones, obsesiones, hostilidad, toxicidad psicológica y tenían en general mucho mejor salud mental.[4] Resultados semejantes se habían encontrado en otro estudio anterior con una muestra de 350 adolescentes y jóvenes.[5]

Quizás el estudio más significativo sea el realizado por Alcantara,[6] sobre 208 personas de la tercera edad, que investigó la esperanza trascendente y la calidad de vida, según el concepto de la Organización Mundial de la Salud (OMS). Quienes manifestaron tener una creencia en la segunda venida de Cristo revelaron tener los más altos niveles de calidad de vida en el ámbito físico, social, mental y espiritual. Otro dato significativo que presentaron todos los estudios comparativos es que los creyentes en el advenimiento informaron mayores niveles de esperanza trascendente que otros grupos de creyentes o no creyentes.[7]

En resumen, se puede decir que hay evidencias empíricas para afirmar que quienes abrazan la fe en la segunda venida de Cristo, tienen mejor salud física y mental, se sienten mejor con ellos mismos y con los demás, y especialmente tienen mejores matrimonios y familias.

La esperanza feliz

Dice el apóstol Pablo: "Porque se ha manifestado la gracia salvadora de Dios a todos los hombres, que nos enseña a que, renunciando a la impiedad y a las pasiones mundanas, vivamos con sensatez, justicia y piedad en el siglo presente, aguardando la feliz esperanza y la manifestación de la gloria del gran Dios y Salvador nuestro Jesucristo" (Tito 2:11-13, BJ).

Al final de su ministerio, el Señor Jesucristo convocó a sus discípulos para un encuentro de despedida. Les informó que regresaba con el Padre y que no lo verían más. Esa noticia, aunque la esperaban, fue como un golpe de látigo en el alma. Un sentimiento desgarrador los invadió, llenándolos de angustia y desamparo. Hacía más de tres años que sus discípulos habían abandonado sus familias, el trabajo y todo lo que había sido hasta entonces su rutina, para seguir al Maestro por toda la vasta geografía de Palestina. Habían escuchado la voz de Jesús, aceptado su llamamiento y recibido sus bendiciones. Estaban felices con el Maestro, abrigando la ilusión de que fundaría un reino de amor en la tierra. Pero ahora les anunciaba que era el fin, que todo terminaba. Se apagó la luz de la esperanza. Pero en medio del luto y la soledad, el Maestro iluminó nuevamente sus corazones con una promesa grandiosa, la esperanza feliz de un futuro trascendente, sin separaciones, en la casa del Padre Dios. Así les habló: "No se angustien ustedes. Crean en Dios y crean también en mí. En la casa de mi Padre hay muchos lugares donde vivir; si no fuera así, yo no les hubiera dicho que voy a prepararles un lugar. Y después de irme y de prepararles un lugar, vendré otra vez para llevarlos conmigo, para que ustedes estén en el mismo lugar en donde yo voy a estar" (Juan 14:1-3; DHH)

La promesa de un regreso personal de Jesús fue el fundamento de la esperanza de los primeros discípulos, de toda la comunidad de creyentes a lo largo de la historia, y uno de los temas recurrentes de los escritos bíblicos. Por ejemplo, en ocasión de la ascensión de Jesús, el libro de los Hechos narra que estando los discípulos observando el acontecimiento, "se pusieron junto a ellos dos varones con vestiduras blancas, los cuales también les dijeron: Varones galileos, ¿por qué estáis mirando al cielo? Este mismo Jesús, que ha sido tomado de vosotros al cielo, así vendrá como le habéis visto ir al cielo" (Hechos 1:10, 11).

La esperanza *trascendente* es el epicentro de toda la teología. Esclarece la naturaleza y el estado de los muertos, ya que aquellos que han muerto con esa esperanza resucitarán en ocasión del regreso del Señor.

Obviamente, si el alma fuera inmortal, si el hombre pasara al "más allá" sin experimentar la muerte, la venida de Cristo y la resurrección no tendrían sentido. Bastaría con el juicio de Dios una vez que el cuerpo de la persona muriera: al cielo o al infierno. Pero la esperanza en la segunda venida de Cristo viene a decirnos que el hombre es mortal, y por eso es necesario que el Hijo de Dios vuelva a la tierra para completar su obra redentora. Para librarnos ya no del poder del pecado sino de la presencia del mal.

La cuestión de la muerte es muy seria. La fe no le quita peso al asunto; la presunción sí. Es fácil pensar que con rezar unos cuantos padrenuestros y hacer algunas cosas buenas en la tierra, pagamos un terrenito en el cielo. Pero no es así. La muerte clausura todos los sentidos del hombre en el mundo. A menos que veamos cuán seria es, no podremos justipreciar el valor de la fe que ve más allá de este mundo. No podremos valorar a Cristo ni la promesa de su segunda venida, ni podremos valorar la vida en toda su magnitud.

Para entender el sentido de la segunda venida de Cristo, ampliemos lo que vimos en el estudio bíblico de la página 84. La Biblia dice que Dios "formó al hombre del polvo de la tierra, y sopló en su nariz aliento de vida, y fue el hombre un ser viviente" (Génesis 2:7). O sea, venimos de la tierra; en un sentido más literario podemos decir que somos "polvo de estrellas", hechos con el material del universo. Suena poético. Pero no somos más que polvo y tiempo. Nuestra genealogía comienza y termina en la tierra. Poco para enorgullecernos.

El término hebreo de Génesis 2:7 se traduce como "ser viviente" o "alma viviente", en hebreo: *nephesh chayyah*. Y no designa solo al hombre, sino también a los animales marinos, los insectos, los reptiles y las bestias: a todo ser viviente (ver Génesis 1:20, 24; 2:19). La Sagrada Escritura dice que el hombre llegó a ser "un ser viviente" (Génesis 2:7). Nada hay en el relato de la creación que indique que el hombre recibió un alma, es decir, alguna clase de entidad separada que en la creación se unió al cuerpo humano.

La palabra hebrea *nephesh*, traducida como "alma", denota individualidad o personalidad; por su parte, la palabra hebrea del Antiguo Testamento, *ruach*, traducida como "espíritu", se refiere a la chispa de vida esencial para la existencia humana. Describe la energía divina o el principio vital que anima a los seres humanos y a todo lo viviente. El Salmo 146:4 dice que cuando el hombre muere, el aliento (*ruach*) "sale", abandona el cuerpo. "El polvo vuelva a la tierra, como era, y el espíritu [*ruach*] vuelva a Dios que lo dio" (Eclesiastés 12:7; compárese con Job 34:14). En la Biblia, ni *nephesh* ni *ruach* denotan una entidad inteligente capaz de existir separada de un cuerpo físico. Por lo tanto, cuando el ser humano muere, muere. No va a ninguna parte.

Pero Pablo exclama triunfante: "Sorbida es la muerte en victoria. ¿Dónde está, oh muerte, tu aguijón? ¿Dónde, oh sepulcro, tu victoria?" (1 Corintios 15:54, 55). Esta es la esperanza del creyente, que no nace de esta tierra sino del Cielo.

Así lo explica el apóstol Pablo:

Y ahora, amados hermanos, queremos que sepan lo que sucederá con los creyentes que han muerto, para que no se entristezcan como los que no tienen esperanza. Pues, ya que creemos que Jesús murió y resucitó, también creemos que cuando Jesús vuelva, Dios traerá junto con él a los creyentes que hayan muerto. Les decimos lo siguiente de parte del Señor: nosotros, los que todavía estemos vivos cuando el Señor regrese, no nos encontraremos con él antes de los que ya hayan muerto. Pues el Señor mismo descenderá del cielo con un grito de mando, con voz de arcángel y con el llamado de trompeta de Dios. Primero, los creyentes que hayan muerto se levantarán de sus tumbas. Luego, junto con ellos, nosotros, los que aún sigamos vivos sobre la tierra, seremos arrebatados en las nubes para encontrarnos con el Señor en el aire. Entonces estaremos con el Señor para siempre (1 Tesalonicenses 4:13-17, NTV; ver también 1 Corintios 15:51-55; Malaquías 4:1-3; 2 Pedro 3:10-13).

O sea, no hay cielo ni infierno ni purgatorio después que tú mueres. Hay descanso. Pero mientras estemos vivos, hay esperanza de la resurrección en ocasión de la segunda venida de Jesús. Por eso, los primeros cristianos de la comunidad naciente se saludaban con la expresión *Maranatha*, "el Señor viene", que constituía una fórmula de ánimo para enfrentar las persecuciones y la muerte, y un canto de vida.

Aun los ritos de la Cena del Señor son entendidos desde la perspectiva de la esperanza trascendente. Pablo lo enseña diciendo:

Porque yo recibí del Señor lo que también os he enseñado: Que el Señor Jesús, la noche que fue entregado, tomó pan; y habiendo dado gracias, lo partió, y dijo: Tomad, comed; esto es mi cuerpo que por vosotros es partido; haced esto en memoria de mí. Asimismo tomó también la copa, después de haber cenado, diciendo: Esta copa es el nuevo pacto en mi sangre; haced esto todas las veces que la bebiereis, en memoria de mí. Así, pues, todas las veces que comiereis este pan, y bebiereis esta copa, la muerte del Señor anunciáis hasta que él venga (1 Corintios 11:23-26).

En consecuencia, al participar de los emblemas sagrados del banquete eucarístico, el cristiano ya no vive la nostalgia reminiscente del sacrificio acaecido, repitiéndolo como homenaje y recuerdo, sino como un anuncio de la redención venidera. Esos gestos de la comunión rescatan el pasado de muerte a vida, para proyectar un futuro esperanzador. El rito no queda limitado a una arqueología del pasado o a una crónica de la historia; cabalga sobre la profecía para abrir un futuro de promesa garantizado por Dios. La cruz queda absorbida por la esperanza. La tumba abierta en aquel monte de Palestina, ahora proclama el día cuando los férreos candados de los cementerios estallarán en pedazos y los seres retenidos en la dureza de la tierra emergerán victoriosos a la vida sin fin de la eternidad venidera.

Por eso, esta disposición del espíritu es llamada la "esperanza bienaventurada" (Tito 2:13), la "feliz esperanza" (BJ) o la "bendita esperanza" (NVI). Ya que ella aposenta el alma como un firme ancla (ver Hebreos 6:17-20), es como un "castillo" (Salmos 91:2) o "fortaleza" (Zacarías 9:12) que nos protege de los males que pueden acosarnos. Además, da seguridad y un apoyo sólido a la fe en Dios, nuestra esperanza (ver Salmo 71:5), abriendo los horizontes del futuro en forma promisoria y dando una salida aún en situaciones de desgracia o desdichas (ver Oseas 2:14, 15). Es la esperanza de una "tierra nueva", donde "ya no habrá muerte, ni habrá más llanto, ni clamor, ni dolor", porque todas las cosas serán nuevas (ver Apocalipsis 21:1-5).

Cómo alcanzar y cultivar esta esperanza

Hace solo un par de semanas conocí a un matrimonio de creyentes jóvenes en Miami, Florida, en ocasión de un ciclo de conferencias que dicté en la Iglesia Adventista Hispana Los Peregrinos. Luego de la predicación del jueves, Ailen y Jorge me invitaron a cenar. Querían conocerme y querían contarme su historia. Acepté con gusto: Siempre hay una historia digna de ser escuchada de un inmigrante cubano.

Luego de la cena, tuvimos una conversación muy amena a la luz de una luna otoñal, en una noche ciertamente benigna. Ailen y Jorge son jóvenes, podríamos decir que apenas cursan la mitad de la vida, si no fuera que la vida no tiene mitades. Porque la vida no se divide en etapas; solo la divide y la clasifica el recuerdo. La vida la vivimos en presente y como viene. Y estos jóvenes cubanos aprendieron a vivirla de ese modo, sin pedir explicación ni arrimarse a la queja.

La "esperanza feliz"

Los cubanos y los uruguayos hacen las combinaciones más estrafalarias para nombrar a sus hijos: Desde Washington Pérez a Leira González, que no es otra cosa que Ariel, al revés, González. [El nombre cubano más original que conocí fue Usnavy, o sea, U.S. Navy]. Siempre hay historia en nuestros nombres, por eso le pregunté a Ailen por el origen de su vida y de su nombre.

—Mi padre, Martín Zaceta, tomó el nombre de su madre, Nelia, lo invirtió y como resultado me puso Ailen. Creo que mi nacimiento determinó mi carácter: Desde que mi madre me contó cómo nací, aprendí a vivir agradecida. Mi vida es un milagro, como, al fin, es la vida de cada ser humano. Yo nací en el Hospital de Maternidad Obrera, en La Habana, a la tardecita de un caluroso 8 de marzo de 1976. Nada anormal, si no fuera que mi madre eligió mal el lugar donde quería darme a luz: El hospital estaba en reparación, y los médicos apenas tuvieron tiempo de improvisar una sala de cirugía en uno de los pasillos del nosocomio. El parto se complicó y mi madre creyó que todo se terminaba cuando el médico le susurró al oído: "¿Tiene otros hijos"? Mi madre oró por mí, no por su vida. Y finalmente me dio a luz exhausta y con dolor. El médico le dijo al final que fue un milagro que las dos hayamos salido con vida de ese trance.

Jorge miraba con ternura a su joven esposa, mientras ensortijaba en un dedo un mechón de su cabello negro azabache. Acaso dibujaba en su recuerdo también su nacimiento, y el milagro de haberse encontrado en la vida con esa mujer. La unión de dos personas siempre esconde un misterio.

—Qué otras cosas determinaron tu fe y tu destino —le pregunté a Ailen.

—La escasez. Hay un dicho que expresa: "Quién no sufrió escasez, no guarda para después".

Le pregunté —no sin cierta ironía— si ese era un dicho cubano, quienes ciertamente saben administrar la pobreza. Me dijo que no, y nos reímos. Pero es verdad, como dijo el filósofo griego Epicuro, el hombre es rico si se familiariza con la escasez. Había riqueza en estos jóvenes.

—Mi padre —prosiguió Ailen— fue un campesino que me enseñó muchas cosas de la simple observación de la naturaleza. Él puede discernir con exactitud el tipo de siembra en el momento preciso del día. Parece tener un dispositivo en su cuerpo que le dice cuándo y dónde sembrar para sacarle el fruto a la tierra. Lo huele en la humedad del aire. Mi padre me enseñó a esperar el tiempo justo para tomar una decisión. Me enseñó a interpretar los tiempos, porque, como dijo el sabio Salomón: "Todo tiene su tiempo, y todo lo que se quiere debajo del cielo tiene su hora. Tiempo de nacer, y tiempo de morir; tiempo de plantar, y tiempo de arrancar lo plantado" (Eclesiastés 3:1, 2).

—Y tu tiempo, Jorge, ¿cuál fue? —le pregunté.

—Hay una bisagra en mi tiempo. Fue el 17 de agosto de 2010. Ese día sellé mi pacto con Dios en las aguas del Océano Atlántico, más precisamente en Miami Beach, cerca de donde estamos ahora. El bautismo fue el momento más importante de mi vida espiritual. Hay un significado profundo en las palabras de Jesús a Nicodemo: "El que no naciere de agua y del Espíritu, no puede entrar en el reino de Dios" (S. Juan 3:5). Ese nacimiento fue el fruto de un proceso largo, que comenzó en los primeros años de mi vida. De subidas y bajadas. De tirar y aflojar con Dios.

—¿Y por qué fue importante el bautismo para ti?

—Porque el bautismo es una muerte. Pero también una resurrección. El ser humano es un *zombie*, un muerto que camina. Todos estamos muertos, pero respiramos. La ceremonia del bautismo viene a decirnos que la vida no está en el acto mecánico de la respiración, sino que está en Dios, y en Cristo, el vehículo divino de la vida. Pablo lo explica de este modo: "¿O no sabéis que todos los que hemos sido bautizados en Cristo Jesús, hemos sido bautizados en su muerte? Porque somos sepultados juntamente con él para muerte por el bautismo, a fin de que como Cristo resucitó de los muertos por la gloria del Padre, así también nosotros andemos en vida nueva" (Romanos 6:3, 4). Esta es la nueva vida que nos introduce en el reino de Dios. Y creo que este pacto con

Dios me abrió un horizonte nuevo para buscar una mujer de mi propia fe. Todo cambió para mí desde aquel 17 de agosto de 2010.

La charla se había vuelto interesante, y el tiempo había volado. El mozo pasó por la mesa para preguntarnos si necesitábamos algo más. En realidad nos estaba sugiriendo que nos fuéramos: querían cerrar el restaurante. Seguimos la conversación camino al hotel donde me hospedaba, y les pregunté:

—¿Cómo esperan ustedes la venida de Cristo? Hay creyentes que se vuelven paranoicos y están tan ocupados y preocupados por la fecha del advenimiento que se olvidan de practicar su fe.

Ailen se adelantó para responder:

—La fe nos ha unido con Jorge, y desde que nos casamos hace cuatro años nos hemos preguntado qué sentido puede tener nuestra esperanza para unir nuestra familia y establecer puentes con los demás. El capítulo 25 de San Mateo nos ayudó mucho a entender el sentido de nuestra fe. Todo el capítulo habla del significado de esta vida mientras esperamos el reino. Los que finalmente se salvan son los que hacen algo por su prójimo. La verdadera religión no se trata acerca de lo que crees, sino de lo que haces con lo que dices que crees. No son las creencias las que nos hacen mejores personas, sino el ocuparnos de los demás. Llevar el yugo con los otros.

Mi padre me enseñaba lecciones de los bueyes que tenía en Cuba. De él aprendí la clave para no sentir como una carga gravosa el compromiso con el dolor ajeno. Una buena yunta de bueyes está compuesta por un buey joven y otro más viejo, o uno más débil y otro más fuerte. El modo cómo está ajustado el barzón [el anillo de hierro, de madera o de cuero por donde pasa el timón del arado en el yugo], te indica cuál es el buey que lleva más carga. Jesús usó la figura del yugo para referirse a la carga que él está dispuesto a llevar. Él siempre llevará nuestra carga más pesada, porque él es el más fuerte. Por eso, Jesús dijo: "Llevad mi yugo sobre vosotros, y aprended de mí, que soy manso y humilde de corazón; y hallaréis descanso para vuestras almas; porque mi yugo es fácil, y ligera mi carga" (S. Mateo 11:29, 30).

* * * *

Jorge y Alien se casaron el 20 de mayo de 2011. Tienen dos hijos, Miguel, de cuatro años, y Victoria, de un año. Conforman una hermosa pareja de creyentes adventistas que administran *Angels on Earth Foundation*

Jorge Rodríguez y su esposa Ailen.

(Fundación Ángeles en la Tierra), en Miami. Se dedican a reunir fondos para ayudar a niños enfermos cuyos padres no tienen medios económicos.

La idea de la Fundación surgió cuando Reivys Zaceta, enfermero del hospital de niños Holtz, en Miami, le refirió a su hermana Ailen el caso grave de Mónica, una pequeña criatura que había nacido en Saltillo, Coahuila, un pequeño pueblo de México, con el síndrome de intestino corto. En realidad, la lucha de Mónica por sobrevivir había comenzado desde antes de nacer. Cuando su madre supo que su hija nacería con una malformación, primero quiso abortarla, y como el padre se opuso, finalmente la mujer terminó abandonando a su familia. Mónica fue a parar a varios hospitales en México, y fue desahuciada por todos los médicos, excepto uno. Ese doctor, de corazón tierno, le dijo a su padre, Enrique Hernández, que intentara internarla en uno de los pocos hospitales del mundo que atendían casos como el de Mónica. Enrique pidió una visa humanitaria, y a las 48 horas de la última internación de su hija viajó desde el Distrito Federal a la ciudad de Miami. Apenas se sentó con su hija en el avión comenzaron a sucederse una serie de "coincidencias". En primer lugar, Enrique le pidió a Dios que lo ayudara a administrarle los medicamentos a su hija. No sabía cómo hacerlo. Terminó de orar cuando se sentó a su lado una bella joven que resultó ser enfermera, ¡y que se ofreció a administrarle la medicación! Cuando promediaba el viaje, un señor que estaba sentado detrás de Enrique, escuchó acerca del drama de aquel padre, y le ofreció una suma importante de dinero para financiar los gastos del hospital. Pero ese dinero no alcanzaba para sufragar el millón de dólares que costaría la intervención quirúrgica de Mónica. A las pocas semana de esto, Reivys le refirió el caso a Ailen, y ambos fundaron *Angels on Earth Foundation* para ayudar a niños necesitados.

Hoy, Enrique Hernández es un creyente alentado por la bendita esperanza de la venida de Cristo. Mónica continúa con su recuperación. Ambos, padre e hija, están agradecidos a Jorge y Ailen porque viven su fe con "buenas obras" (1 Tesalonicenses 1:3).

Enseñanza bíblica: Jesús y la esperanza
(S. Juan 14:1-3)

Introducción: Cuando concluyó la guerra de Troya, Ulises quiso volver a Ithaca, su tierra amada, pero tuvo muchos contratiempos. Entre tanto, su esposa Penélope lo esperaba. Asediada y cortejada por muchos hombres, quienes le decían que Ulises debía estar muerto, Penélope permaneció leal a sus votos matrimoniales. Un día Ulises regresó y se reunió con su esposa, quien lo había esperado sin vacilaciones.

Jesús estaba a punto de ir a la muerte pero confiaba que después de esa experiencia volvería al seno de su Padre. Por otra parte, entendía que sus discípulos se entristecerían por su ausencia. Por eso les regaló "la bendita esperanza" de que volvería a buscarlos. ¿Pero esa promesa era solo para sus discípulos? ¿A quiénes otros fue dada esta promesa? ¿Y cuándo se cumplirá?

Estudiemos lo que dice la Biblia acerca de la segunda venida de Cristo:

¿La promesa de la venida de Jesús fue solo para sus discípulos? *(S. Mateo 24:30).*

Todas las naciones de la tierra disfrutarán del evento más extraordinario de la historia del universo. Jesús volverá con poder y gran gloria.

¿Qué sucederá cuando él vuelva? *(S. Mateo 24:31; 2 Pedro 3:10).*

En ese día glorioso, Jesús vendrá con sus ángeles. Recogerá a sus escogidos de un extremo a otro de la tierra. El planeta se sacudirá en sus cimientos como jamás se sacudió, y será quemado.

¿Qué otras cosas más sucederán en esa ocasión? *(1 Corintios 15:51-55).*

En aquel día los muertos resucitarán incorruptibles, y los que estén vivos serán transformados en "un abrir y cerrar de ojos".

¿Podemos saber cuándo ocurrirá este magno evento? *(S. Mateo 24:36).*

El Señor Jesús fue claro cuando dijo que ningún ser humano sabe el día y la hora de su regreso.

¿Qué dijo Jesús que sucedería antes de su regreso a esta tierra? *(S. Mateo 24:3-14).*

Los eventos descritos por Jesús como señales previas a su regreso se cumplen hoy dramáticamente ante nuestros ojos. Basta con encender un televisor y ver las noticias para darnos cuenta de que todo se está cumpliendo al pie de la letra.

Si todas las señales descritas por Jesús se están cumpliendo con precisión meridiana, ¿por qué aún no ha venido? (2 Pedro 3:9).

El Señor no ha regresado porque está esperando que tú vayas a sus brazos de amor. Hoy es el día de entregarte a él y prepararte para su encuentro.

¿Cómo termina la Biblia? *(Apocalipsis 22:20).*

Jesús prometió "ciertamente vengo en breve".

Conclusión: Apocalipsis 22:17 dice: "El Espíritu y la Esposa dicen: Ven. Y el que oye, diga: Ven. Y el que tiene sed, venga; y el que quiera, tome del agua de la vida gratuitamente". Se nos pregunta: "¿Por qué vivir en este mundo inestable si podemos vivir en el paraíso, junto a Dios?".

Llamamiento: ¿Aceptarás la gracia de Jesús a fin de prepararte para encontrarte con él?

Resolución: Acepto la gracia salvadora de Jesús, y estaré dispuesto a estudiar su Palabra cada día a fin de prepararme para su venida y ayudar también a otros a prepararse.

Firma de resolución: _____

EVALUACIÓN DE LA ESPERANZA
basado en el Test de Esperanza-Desesperanza-Revisado (TED-R) de Mario Pereyra (2013)

A continuación encontrarás una lista de 16 declaraciones que presentan 5 opciones cada una. La prueba consiste en marcar una X en el casillero que mejor describa tu manera de ser en cada una de las cuestiones planteadas. Es muy importante que respondas todas las preguntas. Responde con sinceridad y en forma personal. Gracias.

N°	PREGUNTAS	SIEMPRE	MUCHAS VECES	A VECES	POCAS VECES	NUNCA	PUNTAJE
1	En lugar de aplastarme, la adversidad y los problemas me estimulan a luchar.						
2	Creo que la gente es tan falsa que no se puede confiar en nadie.						
3	Creo que, con la ayuda de Dios, es posible lograr lo que uno se propone.						
4	Recuerdo experiencias del pasado que me han marcado como con fuego, que nunca he superado.						
5	Creo en la promesa de Dios de que hay un mundo feliz más allá de la vida terrenal.						
6	A través de los años, he tenido experiencias sobre las cuales no tuve control alguno.						
7	Me atraen los proyectos nuevos y la posibilidad de crear cosas diferentes.						
8	Veo el panorama muy oscuro en mi vida.						
9	Disfruto de cada día y deseo vivir lo más posible.						
10	Me persigue la mala suerte y tengo la sensación de que las cosas van a seguir mal.						

Nº	PREGUNTAS	SIEMPRE	MUCHAS VECES	A VECES	POCAS VECES	NUNCA	PUNTAJE
11	Creo que se puede rescatar algo bueno de la peor tragedia.						
12	Me desanimo y deprimo con mucha facilidad.						
13	Miro hacia el mañana, depositando mi confianza en Dios.						
14	Me asalta la idea de terminar con mi vida.						
15	Siento que todavía tengo cosas muy importantes que hacer en la vida.						
16	Creo que no existe Dios, ni que haya algo después de la muerte.						
						TOTAL	

Resultados del TED-R

1. A las preguntas impares 1, 3, 5, 7, 9, 11, 13 y 15, asigna el siguiente puntaje: siempre=5; muchas veces=4; a veces=3; pocas veces=2; nunca=1.
2. Para las preguntas pares, 2, 4, 6, 8, 10, 12, 14 y 16, los puntajes son: siempre=1; muchas veces=2; a veces =3; pocas veces=4; nunca=5.
3. Suma el puntaje de las 16 preguntas y ve la interpretación en la tabla siguiente

INTERPRETACIÓN

Si obtuviste entre 72 y 80 puntos . . . . .Excelente nivel de esperanza
Entre 64 y 71 puntos . . . . .Muy alto nivel de esperanza
Entre 56 y 63 puntos . . . . .Esperanza media
Entre 48 y 55 puntos . . . . .Poca esperanza
Menos de 48 puntos. . . . . .Muy poca esperanza

Referencias bibliográficas

Capítulo 1

[1]Peterson, C. y Seligman M., *Character Strengths and Virtues. A Handbook and Classification* (Washington: American Psychological Association, 2004).

[2]Emmons, R.A. y McCullough, M.E., *The Psychology of Gratitude* (Oxford: Oxford University Press, 2004).

[3]McCullough, M.E., Emmons, R.A y Tsang, J., *"The Grateful Disposition: A Conceptual and Empirical Topography"*, Journal of Personality and Social Psychology, tomo 82, N°11 (2002), pp. 112-127.

[4]Rash, J.A., Matsuba, M.K.y Prkachin, K.M., *"Gratitude and Well-Being: Who Benefits the Most From a Gratitude Intervention?"*, Applied Psychology: Health and Well-Being, tomo 3, N° 3 (2011), pp. 350-369.

[5]Peterson y Selligman, *Ibíd.*

[6]Froh, J.J., Bono, G. y Emmons, R., *"Being Grateful Is Beyond Good Manners: Gratitude and Motivation to Contribute to Society Among Early Adolescents. Motivation and Emotion*, tomo 34, N° 2 (2010), pp. 144-157.

[7]Danner, D.D., Snowdon, D.A. y Friesen, W.V., *"Positive Emotions in Early Life and Longevity: Findings From the Nun Study"*, Journal of Personality and Social Psychology, tomo 80, N° 5 (2001), pp. 804-813.

[8]Collins, G. *"Revisiting the Nun Study"* (2010). En Internet: https://peoplebuilder. wordpress.com/2010/05/04/382-revisiting-the-nun-study/.

[9]Bollnow, O.F., *Filosofía de la esperanza. El problema de la superación del existencialismo* (Buenos Aires: Compañía General Fabril Editora, 1962).

Capítulo 2

[1]Enright, R.D. y The Human Development Study Group, *"Piaget on the Moral Development of Forgiveness: Identity or Reciprocity?"*, Human Development, tomo 37, N° 2 (1994), pp. 63-80.

[2]Fitzgibbons, R.P., *"The Cognitive and Emotive Uses of Forgiveness in the Treatment of Anger"*, Psychotherapy, tomo 23, N° 4 (1986), pp. 629-633.

[3]McCullough, M.E., Worthington, E.L. y Rachal, K.C., *"Interpersonal Forgiving in Close Relationships"*, Journal of Personality and Social Psychology, tomo 73, N° 2 (1997), pp. 321-336.

[4]Fincham, F.D., Beach, S.R.H. y Davila, J., *"Forgiveness and Conflict Resolution in Marriage"*, Journal of Family Psychology, tomo 18, N° 1 (2004), pp. 72-81.

[5]Al-Mabuk, R.H., Enright, R.D. y Cardis, P., *"Forgiveness Education with*

Referencias bibliográficas

   Parentally Love-deprived Late Adolescents", *Journal of Moral Education*, tomo 24, N° 4 (1995), pp. 427-443.

[6]Bradfield, M. y Aguino, K., *"The Effects of Blame Attributions and Offender Likableness on Forgiveness and Revenge in the Workplace"*, *Journal of Management*, tomo 25, N°5 (1999), pp. 607-631.

[7]Seybold, K.S., *et.al.*, *"Physiological and Psychological Correlates of Forgiveness"*, *Journal of Psychology and Christianity*, tomo 20, N° 3 (2001), pp. 250-259; y McCullough, Worthington y Rachal, *Interpersonal forgiving...*

[8]Witvliet, C.V.O., Phipps, K.A., Feldman, M.E. y Beckham, J.C., *Posttraumatic Mental and Physical Health Correlates of Forgiveness and Religious Coping in Military Veterans*. *Journal of Traumatic Stress*, tomo 17, N° 3 (junio 2004), pp. 269-273.

Capítulo 3

[1]Boehm, J., *et.al.*, *"A Prospective Study of Positive Psychological Well-Being and Coronary Heart Disease"*, *Health Psychology*, tomo 30, N° 3 (2011), pp. 259-267.

[2]Tajer, C., *"Alegría del corazón. Emociones positivas y salud cardiovascular"*. *Revista Argentina de Cardiología*, tomo 80, N° 4 (2012), pp. 325-32.

[3]Danner, D., Snowdon, D. y Friesen, W., *"Positive Emotions In Early Life and Longevity: Findings From the Nun Study"*, *Journal of Personality and Social Psychology*, tomo 80, N° 5 (2001), pp. 804-813.

[4]Cousins N., *La voluntad de curarse, el punto de vista del paciente* (Buenos Aires: Emecé editores, 1981).

[5]Lyubomirsky, S. y Lepper, H., *"A Measure of Subjective Happiness: Preliminary Reliability and Construct Validation"*, *Social Indicators Research*, tomo 46, N° 2 (1999), pp. 137-155.

Capítulo 4

[1]Lyubomirsky, S. (2008). *La ciencia de la felicidad. Un método probado para conseguir bienestar*. Barcelona: Editorial Urano.

[2]Schwartz, C. y Sendor, M., *"Helping others helps oneself: Response shift effects in peer support"*, *Social Science and Medicine*, tomo 48, N° 11 (1999), pp. 1563-1575.

[3]Van Campen, C., de Boer, A. y Ledema, J., *"Are Informal Caregivers Less Happy Than Noncaregivers? Happiness and the Intensity of Caregiving In Combination With Paid and Voluntary Work"*, *Scandinavian Journal of Caring Sciences*, tomo 27, N° 1 (2013), pp. 44-50.

Capítulo 5

[1]Babyak, M. *et.al.*, *"Exercise Treatment for Major Depression: Maintenance of*

Therapeutic Benefit at 10 Months", Psychosomatic Medicine, tomo 62, N° 5 (2000), pp. 633-638.

[2]Kahn, E., et.al., *"The effectiveness of interventions to increase physical activity. A systematic review"*, American Journal of Prevention Medicine, tomo 22, N° 4 suppl. (mayo 2002), pp. 73-107.

[3]Biddle, S. y Mutrie, N., *Psychology of physical activity determinants, well-being and interventions* (London: Routledge, 2002).

[4]Superville, D., Pargament, K., Lee, J., *"Sabbath Keeping and Its Relationships to Health and Well-Being: A Meditational Analysis"*, The International Journal for the Psychology of Religion, tomo 24, N° 3 (2013), pp. 241-256.

[5]White, J., Blackburn, A., Plisco, M., Sabba, *"Rest as a Virtue: Theological Foundations and Applications to Personal and Professional Life"*, Journal of Psychology and Theology, tomo 43, N° 2 (2015), pp. 98-120.

Capítulo 6

[1]Spiegel, D, Bloom, J., Kraemer, H. y Gottheil, E., *"Effect of psychosocial treatment on survival of patients with metastatic breast cáncer"*, Lancet, tomo 2, N° 8668 (1989), pp. 888-891.

[2]David, C., Nolen, S. y Larson, J., *"Making sense of loss and benefiting from the experience: Two construals of meaning"*, Journal of Personality and Social Psychology, tomo 75, N° 2 (1998), pp. 561-574.

[3]Psiquiatria.com/depresion, accesado el 13 agosto, 2015.

[4]Pennebaker, J., *Opening up: The healing power of expressing emotions* (New York: The Guilford Press, 1997).

[5]Sandín, B. y Chorot, P., "Cuestionario de Afrontamiento del Estrés (CAE): Desarrollo y validación preliminar", Revista de Psicopatología y Psicología Clínica, tomo 8, N° 1 (2003), pp. 39-54.

Capítulo 7

[1]Oman, D. y Reed, D., *"Religion and mortality among the community dwelling elderly"*, American Journal of Public Health, tomo 88, N° 10 (1998), pp. 1469-1475.

[2]Lyubomirsky, S. (2008). *La ciencia de la felicidad. Un método probado para conseguir el bienestar*. Barcelona: Editorial Urano.

[3]McIntosh, D.N., Silver, R.C. y Wortman, C.B., *"Religion's role in adjustment to a negative life event: Coping with the loss of a child"*, Journal of Personality and Social Psychology, tomo 65, N° 4 (1993), pp. 812-821.

[4]Koenig, H., et.al., *"Modeling the cross-sectional relationships between religion, physical health, social support, and depressive symptoms"*, American Journal of Geriatric Psychiatry, tomo 5, No 2 (1997), pp. 131-144.

[5]Myers, D., *"The funds, friends, and faith of happy people"*, American Psychologist,

Referencias bibliográficas

tomo 55, Nº 1 (2000), pp. 56-67.

[6]Chokkanathan, S., *"Religiosity and well-being of older adults in Chennai, India"*, *Aging & Mental Health*, Vol. 17, Nº 7 (2013), pp. 880-887.

[7]Pargament, K. y Mahoney, A., *"Spirituality: Discovering and conserving the sacred"*, en C.R. Snyder y S.J. López (eds), *Handbook of positive psychology* (New York: Oxford University Press, 2002), pp. 646-659.

[8]Yohannes, A., *et.al.*, *"Health behaviour, depression and religiosity in older patients admitted to intermediate care"*, *International Journal of Geriatric Psychiatry*, tomo 23, Nº 7 (2008), pp. 735-740.

[9]Abdel-Khalek, A., *"The relationships between subjective well-being, health, and religiosity among young adults from Qatar"*, *Mental Health, Religion & Culture*, tomo 16, Nº 3 (2013), pp. 306-318.

[10]Lyubomirsky, S., *Ibíd.* pp. 266-270.

Capítulo 8

[1]Pereyra, M., "Test de Esperanza-Desesperanza", *Manual del TED y TED-R* (México, D.F.: Manual Moderno, 2013).

[2]Sánchez, M., "Esperanza y satisfacción conyugal en un estudio comparativo entre adventistas y no adventistas", Montemorelos, México: Tesis de licenciatura de la Facultad de Psicología, de la Universidad de Montemorelos, 2015.

[3]Peraza, T. V., "Validación del Test Esperanza-Desesperanza Revisado (TED-R) de Pereyra", Montemorelos, México: Tesis de Maestría en Relaciones Familiares, Facultad de Educación, Universidad de Montemorelos, 2011.

[4]Gatti, A., "Compasión, esperanza-desesperanza y salud mental en adultos jóvenes", Libertador San Martín, Entre Ríos, Argentina: Tesis de licenciatura de la Facultad de Humanidades, Educación y Ciencias Sociales, de la Universidad Adventista del Plata, 2015.

[5]Peraza, *Ibíd.*

[6]Alcántara, J., "Calidad de vida, esperanza y religiosidad intrínseca en personas de tercera edad de Montemorelos", Montemorelos, México: Tesis de Maestría de la Universidad de Montemorelos, 2013.

[7]Pereyra, *Ibíd.*

¡UN CURSO GRATUITO PARA USTED!

Si la lectura de este libro lo inspira a buscar la ayuda divina, tiene la oportunidad de iniciar un estudio provechoso y transformador de las Escrituras, sin gasto ni compromiso alguno de su parte.

Llene este cupón y envíelo por correo a:

> La Voz de la Esperanza
> P. O. Box 7279
> Riverside, CA 92513
> EE. UU. de N. A.

------------ ✂ copie o corte este cupón ------------

Deseo inscribirme en un curso bíblico gratuito por correspondencia:

- ❏ Hogar Feliz (10 lecciones)
- ❏ Descubra (20 lecciones)

Nombre_____

Calle y N°_____

Ciudad_____

Prov. o Estado_____

Código Postal (Zip Code)_____

País_____